U0104758

古代美術史研究

二 編

第24冊

敦煌莫高窟吐蕃後期經變畫研究

劉 穎 著

花木蘭文化出版社

國家圖書館出版品預行編目資料

敦煌莫高窟吐蕃後期經變畫研究／劉穎 著 — 初版 — 新北市：
花木蘭文化出版社，2017〔民 106〕
序 6+ 目 2+164 面；19×26 公分
（古代美術史研究 二編；第 24 冊）
ISBN 978-986-404-970-7（精裝）
1. 佛教藝術 2. 吐蕃
618　　106001495

ISBN-978-986-404-970-7

古代美術史研究
二　編　第二四冊　　ISBN：978-986-404-970-7

敦煌莫高窟吐蕃後期經變畫研究

作　　者　劉 穎
總 編 輯　杜潔祥
副總編輯　楊嘉樂
編　　輯　許郁翎、王筑　美術編輯　陳逸婷
出　　版　花木蘭文化出版社
社　　長　高小娟
聯絡地址　235 新北市中和區中安街七二號十三樓
　　　　　電話：02-2923-1455 ／傳眞：02-2923-1452
網　　址　http://www.huamulan.tw 信箱 hml 810518@gmail.com
印　　刷　普羅文化出版廣告事業
初　　版　2017 年 3 月
全書字數　128032 字
定　　價　二編 28 冊（精裝）新台幣 75,000 元

敦煌莫高窟吐蕃後期經變畫研究

劉穎 著

作者簡介

劉穎，1972 年出生於四川省資中縣。1995 畢業於四川大學外語系英語專業。2002 年考入四川大學藝術學院研究中國美術史，2005 年獲得文學碩士學位。2007 年考入中央美術學院人文學院，師從羅世平教授，研究中國宗教美術，2010 年獲文學博士學位。目前任教於成都大學美術與影視學院。近年出版譯著牛津藝術史叢書之《中國藝術》和著作《中國古代物質文化史・高昌壁畫卷》，發表《敦煌莫高窟吐蕃後期密教菩薩經變研究》、《莫高窟吐蕃後期的報恩經變及其信仰》、《莫高窟吐蕃時期的維摩變及其信仰》、《張大千敦煌畫稿與敦煌壁畫的比較研究》等數篇論文。

提　　要

本書在多次考察敦煌莫高窟吐蕃時期的石窟寺和壁畫的基礎上形成。公元 786 至 848 年間，敦煌淪落爲吐蕃的屬地，在吐蕃人的統治下，敦煌進入到一段特殊的歷史時期，政治、經濟、軍事、文化等各方面都發生了較大的變化。815 年赤祖德贊登上贊普位，他主張與唐通好，扶持佛教。821 年唐蕃盟會之後，在較長的一段時間內，唐蕃之間保持著友好往來的關係。吐蕃統治者與唐王朝交好的行爲給敦煌也帶來了影響，在莫高窟的造像活動中有突出表現，在石窟形制、壁畫構成形式、壁畫題材等方面形成吐蕃時期獨特的樣式和風格。本書以 821 年爲界，將吐蕃統治時期營建的洞窟分爲前後兩期，重點討論 821 ～ 848 年的石窟藝術。

本書共分六章。第一章分析敦煌莫高窟吐蕃窟的窟龕形制、壁畫構成形式和題材特徵，從其演變、發展的情況以及壁畫的細部特徵進行了考證，劃分出 821 年以後興建的吐蕃後期洞窟 22 個。821 和 822 年唐蕃政權在長安城外和拉薩舉行會盟，蕃漢民族關係進入相對融洽的時期，致使以漢傳佛教藝術爲主導的吐蕃後期洞窟壁畫中，出現了新的繪畫因素。第二章至第六章專注於研究吐蕃後期具有突出時代特徵的經變畫，以密教菩薩經變、金剛經變、報恩經變、維摩詰經變等題材爲主，探討密教菩薩經變圖像樣式，金剛經變脅侍菩薩新樣式的來源，吐蕃時期的密教菩薩信仰特點，以及經變中的故事畫及其體現的信仰思想。

從洞窟的整體設計原則分析，吐蕃統治後期，石窟內壁畫題材的配置形成較爲固定的模式，淨土類經變是最常見的題材，與其它經變題材一起，營造出想像中的佛國淨土世界。從信仰思想方面來看，建造石窟的供養人將爲唐蕃雙方祈福、祈盼唐蕃通好、避免征戰之苦、免除親人分離之痛等世俗的現實願望隱含在壁畫中。

序　言

一、吐蕃統治時期的敦煌

公元 7 世紀，「性驍武，多英略」〔註 1〕的松贊干布統一了青藏高原諸部，曾經默默無聞的高原民族開始進入到有聲有色的歷史時期。755 年赤松德贊登上王位，吐蕃王國隨之進入鼎盛時期。赤松德贊是吐蕃人眼裏智慧謀略超群的贊普，他向東對唐朝進行有計劃的軍事行動，向西對中亞展開了侵略活動。8 世紀後半葉，吐蕃趁唐朝安史之亂無暇顧及之機，向中亞展開了異常的侵略活動，不僅控制了整個天山南路地區，而且「控制了東部的河西到羅布地區和西部的帕米爾地區，是相當穩定的。吐蕃不論在名義上還是在實際上都成爲交流東西南北物資的中心和成爲融合文化的中心，因而其本身也得到發展、對周圍產生很大影響，從而在世界歷史上做出極大貢獻的時期，也正是這個時期。」〔註 2〕在此期間，吐蕃佔領了以敦煌爲中心的唐朝河、隴地區，從此「蕃斷漢消息，死生長別離」。〔註 3〕

786 至 848 年間，敦煌淪落爲吐蕃的屬地，在吐蕃人的統治下，敦煌進入到一段特殊的歷史時期，政治、經濟、軍事、文化等各方面都發生了變化。〔註 4〕吐蕃的部落制代替了唐朝時期的鄉里制，敦煌的經濟一度退回到物物

〔註 1〕《舊唐書・吐蕃傳》，卷 196 上。

〔註 2〕（日）森安孝夫著，勞江譯：《吐蕃在中亞的活動》，載《國外藏學研究譯文集》第 1 輯，西藏人民出版社，1986 年，第 130 頁。

〔註 3〕（唐）張籍：《沒蕃故人》，范學宗，王純潔編：《全唐文全唐詩吐蕃史料》，西藏人民出版社，1988 年，第 447 頁。

〔註 4〕關於吐蕃攻陷敦煌（沙洲）的時間問題，各家主張不同，主要有大曆十二年

交換的地步。吐蕃統治者又以開闊的胸懷接納了敦煌盛行的佛教信仰，接管了這個有數百年信仰歷史的佛教中心。敦煌地區的佛教石窟造像得以繼續發展，吐蕃統治下的六十餘年時間裏，鳴沙山斷崖上不間斷地補繪和新建的石窟造像就是最好的證明。到目前爲止，莫高窟依然保存著吐蕃時期補繪和新建的洞窟數十個，它們是研究吐蕃統治時期敦煌石窟藝術最直接的實物資料。

二、莫高窟吐蕃後期洞窟年代的界定

本文擬以 821 年，即「長慶會盟」年代爲界，將吐蕃統治時期營建的洞窟分爲前後兩期，把研究的重點集中在 821～848 年的石窟造像藝術上。以 821 年爲界，把吐蕃時期修建、圖繪的洞窟分爲前後兩期的理由如下：

（一）「長慶會盟」前後敦煌社會進入相對安定階段

815 年，赤祖德贊即位，他主張與唐通好。至 9 世紀 20 年代，吐蕃統治敦煌已有 30 餘年，他們在敦煌地區先後創建了數個軍事部落，把敦煌的漢人與其它民族納入到軍事組織當中，敦煌百姓的地位與初期相比有所提高。「敦煌漢人經過初期的數次反抗鬥爭失敗後，已進入相對安定的階段」。吐蕃統治者「爲維繫『西裔一方，大蕃爲主』的局面，他們急於與唐朝訂立盟約，以換取自己佔有河隴的承認。」〔註 5〕長慶元年（821）和長慶二年（822）唐蕃使者先後在西安郊外和拉薩大昭寺前盟會，這就是唐蕃交往史上最有影響力的「長慶會盟」，在較長的一段時間內，唐蕃之間平息了戰爭，恢復了友好往來關係，給吐蕃統治下的敦煌也帶來了影響。爲了安撫民心，恢復當地正常的生產、生活秩序，吐蕃統治者在當地採取了一系列減免稅賦、添置農具、促進農業生產的措施，農業經濟得以持續發展。

（二）世家大族勢力崛起

拉攏漢族世家大族和唐朝破落的官員是吐蕃統治政策變化的又一項內容，而世家大族和寺院高僧在政治和經濟上的勢力增長是開窟造像必要的條

（777）、建中二年（781）、貞元元年（785）、貞元二年（786）、貞元三年（787）及貞元四年（788）等六種說法。本文取貞元二年（786）說，參見陳國燦：《唐代吐蕃陷落沙洲城的時間問題》，載《敦煌學輯刊》1985 年第 1 期；金瀅坤：《敦煌陷蕃年代研究綜述》，載《絲綢之路》1997 年第 1 期。

〔註 5〕楊銘著：《吐蕃統治敦煌與吐蕃文書研究》，中國藏學出版社，2008 年，第 69 頁。

件。「敦煌大族是在敦煌這塊特定的土地上產生的地方大族，他們自漢代以來，世代宦官，歷久不衰，形成一股強大的勢力，長時期地壟斷了敦煌地區的政治、經濟命脈，並對河西地區的歷史產生過重大的影響」。〔註 6〕在吐蕃統治時期也不例外。爲了平息敦煌地區此起彼伏的抵抗運動，吐蕃統治者讓唐朝的破落官、漢族世家大族成員參與到政權的管理中。吐蕃後期，漢人擔任了更多的管理職務。敦煌文書 P.T.1089《吐蕃管理呈請狀》是書寫於 9 世紀 20 至 30 年代的一份蕃、漢官吏文書，其中記錄了漢人擔任的官吏職位。〔註 7〕儘管漢人官吏的地位仍然不高，但卻證明了漢人參與管理的事實。入仕吐蕃、參與政權管理的敦煌大族中，陰氏家族最具有代表性，陰伯倫任「沙州道門親表部落大使」，〔註 8〕其次子陰嘉義爲大蕃瓜州節度使行軍先鋒部落上二將，三子陰嘉珍爲大蕃瓜州節度行軍並沙州三部落倉曹及支計等。

世家大族的崛起還表現在僧界，吐蕃政權也熱心於爭取沙州的佛教界人士。統治初期，一些有聲望的人士不肯與吐蕃統治者合作，紛紛剃度爲僧，他們這種保存自我的行爲促成了吐蕃統治後期由世家大族把持僧界權力的局面。例如，索氏家族的索義辯曾任「沙州釋門法律」的顯赫職位，P.4660《金光明寺索法律邈眞贊並序》記載的即爲其人；〔註 9〕出自沙州氾氏的氾和尙被稱爲「沙州釋門都法律大德」，P.4660《都法律氾和尙邈寫眞贊》中有記載；〔註 10〕吳洪辯在 820 年開始擔任敦煌僧團都法律兼副教授，在 830 年前後擔任了敦煌地區最高僧官都教授等等。在吐蕃統治者的庇護下，世家大族、漢族官吏、寺院不斷地佔有和兼併土地，經濟勢力也得到加強，使得他們成爲推動吐蕃後期莫高窟石窟建造的重要力量之一。

（三）「長慶會盟」後佛事活動興盛

8 世紀末到 9 世紀中葉，佛教勢力在吐蕃本土獲得了全面的發展，尤其

〔註 6〕劉志安：《唐朝吐蕃時期佔領沙洲時期的敦煌大族》，載《中國史研究》1997 年第 3 期，第 83 頁。

〔註 7〕參見《P.T.1089〈吐蕃管理呈請狀〉研究》，載楊銘著：《吐蕃統治敦煌研究》，臺北新文豐出版公司，1997 年。

〔註 8〕P.4640《陰處士碑》，載鄭炳林著：《敦煌碑銘贊輯釋》，甘肅教育出版社，1992 年，第 34 頁。

〔註 9〕鄭炳林著：《敦煌碑銘贊輯釋》，甘肅教育出版社，1992 年，第 108～109 頁。

〔註 10〕鄭炳林著：《敦煌碑銘贊輯釋》，甘肅教育出版社，1992 年，第 209 頁。

是赤德松贊和赤祖德贊在贊普位的幾十年裏，修建寺廟、翻譯經典、優待僧人、讓僧人參與國政等等措施使得佛教在政治和經濟上的勢力都變得強大起來。〔註 11〕赤祖德贊還舉行興佛盟誓大會，設置了尊爲「缽闡布」（意爲「大吉祥」）的僧相職位，地位高過吐蕃大相。興佛活動在吐蕃全境內傳播，也波及到原本就是佛教信仰勝地的敦煌，直接觸動了莫高窟造像活動的再度興盛。從吐蕃時期的敦煌文書研究中得知，「從赤祖德贊時開始，沙州的寺院、僧尼數有迅速發展。」〔註 12〕而且當時的寫經事業就足以證明佛事活動興盛的狀況，上至贊普、王妃、吐蕃國政蕃僧，下至世俗百姓都參與到其中。P.3336「丑年、寅年，贊普新加福田，轉大般若經，分諸寺維那曆」和 S.3966「壬寅年，大蕃國有贊普印信，並此十善經本，傳流諸州，流行誦讀」是吐蕃贊普直接介入河西吐蕃佛教事務的記載。P.T.997 藏文寫卷記載，敦煌保存的數百卷《大乘無量壽經》是由赤祖德贊出資抄寫的。〔註 13〕

（四）吐蕃時期的造像活動明顯有前後期的變化

吐蕃佔領敦煌時期，莫高窟佛教造像活動與當時敦煌的社會狀況息息相關。自 764 年開始，涼州、甘州、肅州等地相繼被吐蕃攻陷，唐蕃之間紛亂戰爭的影響已經蔓延至沙州。776 年吐蕃攻陷瓜州，在此之後的十年裏，沙州直接陷入了與吐蕃的戰亂。受到戰爭的影響，莫高窟的造像活動一度處於停滯狀態，在南區南段底層和第二層都留下了盛唐時期開鑿、卻未能圖繪完工的洞窟。沙州陷於吐蕃統治之後，莫高窟恢復了造窟活動，開始造像的確切年代不得而知。從整體情況看，造像活動明顯有前後期的變化。吐蕃統治前期，開窟造像仍然處於低谷狀態，以新建小型洞窟爲主。吐蕃統治後期，除了繼續補繪盛唐洞窟之外，莫高窟開始新建大中型洞窟，世家大族、高僧大德都積極參與到造窟活動當中。在此階段裏，石窟形制、壁畫構成形式、題材等等方面都形成了吐蕃時期獨特的樣式和風格。

〔註 11〕赤德松贊 798～815 年在位，赤祖德贊 815～836 年在位，參見王輔仁編著《西藏佛教史略》附錄《吐蕃贊普世襲表》，青海人民出版社，1982 年。

〔註 12〕（日）山口瑞鳳：《敦煌的歷史・吐蕃統治時期》，載楊銘著：《吐蕃統治敦煌與吐蕃文書研究》附錄，中國藏學出版社，2008 年，第 278 頁。張延清：《敦煌藏文寫經生結構分析》，載鄭炳林、樊錦詩、楊富學主編：《絲綢之路民族古文字與文化學術討論會文集》，三秦出版社，2007 年。

〔註 13〕參見陳慶英：《從敦煌藏文 P.T.999 號寫卷看吐蕃史的幾個問題》，載金雅聲、束錫紅、才讓主編：《敦煌古藏文文獻論文集》上冊，上海古籍出版社，2007 年。

綜上所述，821 年唐蕃「長慶會盟」以後，吐蕃在敦煌地區的統治政策趨於緩和，敦煌百姓盡力適應著吐蕃人的統治，蕃漢民族之間的矛盾減弱了許多，經濟生產逐漸恢復。吐蕃贊普的興佛活動，世家大族在政治和經濟上的優勢，在僧界擔任高職的漢族僧人，這些條件都爲吐蕃統治後期莫窟石窟造像的營建活動鋪墊了道路，成就了吐蕃統治敦煌後期莫高窟石窟造像的新局面。

三、研究內容、方法和意義

第一章以敦煌莫高窟吐蕃時期開鑿的洞窟爲考察對象，依據實地調查、田野筆記爲基礎，並參考前人的研究成果和著錄，考證吐蕃後期洞窟的數量及其特徵。第二章至第六章以吐蕃後期洞窟中的經變畫爲研究對象，從題材、內容、圖像樣式、繪畫技藝的傳承與變化等方面進行討論，力圖呈現出吐蕃後期經變畫的時代特徵。

首先，對吐蕃窟的壁畫構成形式及題材採用分類、排比、組合的方法，找出其演變發展關係；其次，以有紀年的洞窟和典型特徵突出的洞窟爲參考，運用美術史的研究方法，對壁畫的局部細節進行分析，探討其出現的背景及年代，爲判斷吐蕃後期洞窟的年代提供更爲詳細可靠的依據；最後，探討吐蕃時期流行經變畫的藝術形式或藝術風格的變遷及源流，以及民間的信仰特點。

敦煌是古代絲綢之路上的一顆明珠，東西方經濟、文化與藝術的交流都在該地區留下了深深的印記，此地豐富的石窟藝術遺存既是佛教藝術的重要遺產，同時又成爲研究中外文化、各民族文化交流往來的重要實物資料。在吐蕃統治時期，吐蕃人向敦煌輸入了吐蕃本土、吐蕃轄地內其它地區的文化與藝術，尤其是在吐蕃後期，這些內容在敦煌莫高窟石窟造像中都有一定程度的反映。目前對莫高窟吐蕃窟的研究還不夠完善，對於蕃漢文化交流的程度還沒有足夠的認識。本文希望對吐蕃後期這一特殊時段內的石窟經變畫進行研究，通過觀察題材內容、表現形式、風格樣式的發展變化，能夠更深入地認識吐蕃統治時期敦煌一地佛教信仰的特點、蕃漢民族交流往來對佛教藝術產生的影響以及蕃漢佛教藝術之間交流融合的關係。

目次

序　言 …… 1
第一章　莫高窟吐蕃後期石窟考辨 …… 1
　第一節　莫高窟吐蕃時期石窟的分佈狀況 …… 1
　第二節　莫高窟吐蕃窟分期研究綜述 …… 2
　第三節　莫高窟吐蕃後期石窟考證 …… 6
　　一、吐蕃窟窟龕形制 …… 6
　　二、吐蕃窟的壁畫構成形式和題材 …… 10
　　三、莫高窟吐蕃後期洞窟壁畫的特徵 …… 25
　　四、小結 …… 55
第二章　吐蕃時期經變畫研究概述 …… 59
　第一節　吐蕃時期的經變畫概述 …… 59
　第二節　吐蕃時期的經變畫研究綜述 …… 60
　第三節　吐蕃後期經變畫的研究範圍及研究方法 …… 65
第三章　密教菩薩經變研究 …… 69
　第一節　密教菩薩經變中的脅侍人物 …… 70
　　一、日光菩薩和月光菩薩 …… 71
　　二、功德天與婆藪仙 …… 73
　　三、內四、外四供養菩薩 …… 76
　　四、天王 …… 78
　　五、龍王和忿怒尊 …… 81

第二節　吐蕃時期密教菩薩圖像的源流……84
一、延續漢地傳統的密教菩薩圖像……84
二、外來的密教菩薩圖像……91
第三節　吐蕃時期密教菩薩的信仰特點……94
第四章　金剛經變研究……99
第一節　脅侍菩薩新樣式及其來源……100
一、持金剛杵的金剛手菩薩……100
二、持智劍的文殊菩薩……103
三、持蓮花的觀音菩薩……104
四、脅侍菩薩新樣式的來源……106
第二節　金剛經變故事畫……107
一、法會起緣的因由——舍衛城乞食圖……108
二、修忍行慈——忍辱圖和歌利王本生……110
三、法施勝財施——布施圖……113
四、見塔如見法——供養金剛塔……114
第三節　吐蕃時期的《金剛經》信仰……114
第五章　報恩經變研究……117
第一節　報恩經變故事畫……118
一、序品——婆羅門子孝養父母……118
二、孝養品——須闍提太子本生……118
三、論議品——鹿母夫人本生……122
四、惡友品——善友太子本生……124
第二節　吐蕃時期的報恩信仰……126
第六章　維摩詰經變研究……133
第一節　維摩詰經變故事畫……133
一、經變中的毗耶離城……135
二、佛國品……138
三、菩薩行品……141
四、法供養品……142
第二節　吐蕃時期的維摩詰經變與民間信仰……143
結語——紛繁複雜的淨土世界……147
參考文獻……153
附錄：插圖目錄……161

第一章　莫高窟吐蕃後期石窟考辨

莫高窟長約一公里的崖壁上，保存著吐蕃時期鑿建的洞窟數十個，由於建窟功德記遺失，今天已經難以順利知曉這些洞窟營建的準確年代。有哪些洞窟是吐蕃後期鑿建的？這是一個較難回答的問題。前輩學者關於敦煌石窟考古和藝術的研究已經涉及此問題，並獲得了豐碩的研究成果，但是對於吐蕃窟的斷代還存在不同的意見或看法，同時也給吐蕃時期的壁畫研究帶來了一些困擾。爲了進一步深入研究吐蕃後期在題材和數量上都大量增加並形成一定規範程序的經變畫，本文將參考前輩學者關於吐蕃窟的分期斷代研究，結合實地考察收集的資料，對吐蕃時期的洞窟進行細緻梳理與考察，找出吐蕃後期洞窟的特點，確定吐蕃後期洞窟的數量。

第一節　莫高窟吐蕃時期石窟的分佈狀況

吐蕃時期營建的洞窟零散地分佈在敦煌莫高窟南區長約 1000 米、高 10～40 米的崖壁上，由北向南可以劃分爲四個區域：

A 區：位於莫高窟南區的最北端。該區域中第 365 窟是 P.4640《吳僧統碑》中記載的吐蕃僧官洪辯修建的功德窟，主室西壁龕下的藏文題記記載此窟在 832～834 年間修建完工。〔註 1〕

B 區：位於北大像北側。一層的吐蕃窟緊鄰盛唐洞窟修建，窟室較小，有的洞窟保存情況較差，它們建成的年代相對較早。當一層崖壁上沒有剩餘空間時，開始選擇在第二層崖壁上營建洞窟，窟室的尺寸較大，第 231 窟是其

〔註 1〕參見黃文煥：《跋敦煌 365 窟藏文題記》，載《文物》1980 年第 7 期。

中有確切紀年的洞窟，即 P.4638《大番故敦煌郡莫高窟陰處士公修功德記》中記載的「報恩君親」窟，陰氏家族的陰嘉政爲其亡父母修建的功德窟，此窟在 839 年修建完成。

C 區：位於南北大像之間。南北大像之間的崖壁上早就布滿了隋及唐前期修建的洞窟，崖面上可供建造新洞窟的地方不多，吐蕃窟只好緊鄰隋唐洞窟修建。爲了尋求更大的空間建造大型洞窟，一些吐蕃窟建在了南大像北側的第三層崖壁上。

D 區：位於南大像以南。此區域位於南區南端的盡頭，所有洞窟均爲盛唐以後修建，但是洞窟沒有按時代相鄰排列，而是根據建窟的需要在這剩餘的開闊之地隨意鑿建，建窟的隨意性給判斷洞窟的建造年代帶來了一定的難度。

第二節　莫高窟吐蕃窟分期研究綜述

分期斷代是研究石窟圖像的重要前提。石窟內圖像的題材、風格、藝術特色以及圖像的整體構成與當時的社會政治、經濟、文化狀況等等都有密切的關係，在知曉石窟的營建年代之後，對於研究圖像本身以及隱藏在圖像背後的文化現象有極大的益處，而圖像本身呈現的內容及時代特徵又可以爲判斷洞窟年代提供可靠的依據。前輩學者在吐蕃窟的分期斷代研究方面已經做出了很大的努力，並取得了突出的成果，以下簡要介紹相關研究的成果及其觀點。

《敦煌石窟內容總錄》（以下簡稱「《總錄》」）中「敦煌莫高窟內容總錄」部份對莫高窟南區遺存下來的 400 餘個洞窟進行了分期斷代，記錄了各個洞窟的形制、塑繪的內容以及保存狀況，爲研究莫高窟石窟藝術提供了基礎資料。〔註 2〕書中所載史葦湘《關於敦煌莫高窟內容總錄》一文論及《總錄》分期斷代的方法：在編輯整理內容總錄的過程中，分期斷代和內容考證是兩個不可分割的關鍵環節，可以利用壁畫的時代考察壁畫的內容，判斷洞窟的年代又可以壁畫的內容爲佐證；比較窟室、佛龕的形制與風格，繪塑的特點，造型、暈染和線描的運用，繪畫題材的演變，並參考供養人題記等等，爲證實石窟的年代提供參考。《總錄》利用這些方法斷定吐蕃時期修建的洞窟有 46 個，對此後吐蕃窟的研究有很大影響。

〔註 2〕敦煌研究院編：《敦煌石窟內容總錄》，文物出版社，1996 年。

樊錦詩和趙青蘭的《吐蕃佔領時期莫高窟洞窟的分期研究》（以下簡稱「《分期研究》」）是吐蕃窟分期研究中具有代表性的文章。〔註 3〕此文在採集的洞窟結構，壁畫的佈局、題材與內容，塑像的組合與內容，造像特徵，供養人服飾，裝飾圖案，龕內屏風畫等等資料的基礎上，以紀年洞窟爲標尺，結合文獻資料，按考古類型學的方法將資料進行分類排比，並根據文獻資料所反映的歷史背景，結合洞窟自身發展變化的規律進行分期與年代的研究，由此確定了 57 個吐蕃窟。並分成早（8 世紀 80 年代至 8、9 世紀之際）、晚（9 世紀初至 9 世紀 40 年代）兩期，晚期又分爲前後兩段。在吐蕃統治下，敦煌地區的社會狀況確實存在前後時間段的差異，受社會生活各方面影響的佛教造像活動也存在著前後時段的不同，此文將吐蕃窟分爲早晚兩期無疑是正確的，但是對某些洞窟的年代判斷還有待商榷。

江琳《敦煌中晚唐後壁——龕窟的分期研究》一文，運用考古學類型學的方法考察了中晚唐後壁開龕洞窟主室後壁、左右壁、前壁和龕內三壁壁畫，主要從壁畫佈局和經變佈局方式兩方面進行分析。〔註 4〕依據壁畫的典型組合及發展序列把中晚唐後壁——龕窟分爲五期，其中第一、二、三期爲吐蕃早、中、晚期，最後考證出吐蕃窟 20 個，此文的結論與以上兩部論著有較大的差異。江琳以壁畫的佈局和組合爲重點進行分期研究，力圖從中歸納出中、晚唐洞窟主室壁面佈局的演變規律，但是忽略了洞窟形制的演變和其它壁面的壁畫內容，可以說其分期斷代的標準不完善，而且也沒有注明吐蕃窟早、中兩期的年代。

薄小瑩的文章《六世紀末至九世紀中葉的裝飾圖案》同樣採用了考古類型學的方法，依據各類型裝飾圖案的出現、流行和衰亡的現象，專門對敦煌莫高窟 6 世紀末至 9 世紀中葉的裝飾圖案進行分期，作者在文中明確指出不能與兼顧諸方面因素的洞窟分期吻合。〔註 5〕論文中第八期和第九期即是吐蕃統治時期，對建中二年（782）至大中二年（848）間吐蕃窟的裝飾紋樣的演變、發展及特點有深入的分析，爲吐蕃窟的分期斷代研究提供了參考。

〔註 3〕樊錦詩、趙青蘭：《吐蕃佔領時期莫高窟洞窟的分期研究》，《敦煌研究》1994 年第 4 期。

〔註 4〕江琳：《敦煌中晚唐後壁——龕窟的分期研究》，《美術史論》1992 年第 1 期。

〔註 5〕薄小瑩：《六世紀末至九世紀中葉的裝飾圖案》，《敦煌吐魯番文獻研究論集》第五集，北京大學出版社，1990 年。

趙青蘭《莫高窟吐蕃時期洞窟龕內屏風畫研究》一文，以《總錄》對洞窟的年代判斷爲依據，利用吐蕃時期大量流行的龕內屏風畫對部份洞窟進行分組和分期。〔註 6〕在對 28 個吐蕃窟中保存的龕內屏風畫的題材、內容、構圖形式進行討論之後，指出吐蕃時期龕內屏風畫的發展有清晰的序列和明顯特徵，將有龕內屏風畫的洞窟分爲四期，文中對吐蕃窟的年代判斷與以上學者的研究結論也有一些差異。趙青蘭僅僅依據龕內屏風畫單一的條件對洞窟進行分期，分期的依據難免顯得不足，其中分期斷代的方法對本選題研究吐蕃窟的年代有一定的啓發意義。

《相關研究論著中吐蕃窟分期斷代的結論表》歸納了吐蕃窟分期斷代的不同結論（見表 1）。前輩學者的分期斷代研究分別採用了考古學、類型學、文獻學等不同的方法，紀年洞窟第 231 窟是分期研究中的重要參考標尺。江琳、薄小瑩和趙青蘭的文章都是以洞窟中部份壁面的繪畫內容或裝飾紋樣爲重點研究對象，分別探討它們發展變化的規律及時代特徵，爲吐蕃窟的斷代提供了諸多的參考。但是其中用於分期斷代的條件過於單一，分期年代的劃分也各不同相同，未能對吐蕃窟進行全面的考察，因此對一些洞窟年代的判斷存在較大的差異。《分期研究》一文全面地考察了吐蕃時期的洞窟，對分期條件的考慮較爲周全，提出分期結論的證據更爲充分。文中斷定的吐蕃窟與《總錄》中斷定的吐蕃窟也存在不同意見，較爲突出的差異是《總錄》中被確定爲晚唐時期的一些洞窟在《分期研究》中被判定爲吐蕃窟，分別歸屬於早期或晚期。《分期研究》判定第 111、132、150、181、183、184、190、193、198、470、473 窟爲吐蕃早期洞窟，第 143、141、145、147、160、232 窟爲吐蕃晚期洞窟，而《總錄》將這些洞窟均判定爲晚唐窟。由此可見，吐蕃窟和晚唐窟的斷代存在較大的分歧。

雖然以上論著分期研究各有不同的重點，分期的標準也不完全同，但是對其中一些吐蕃窟的判斷卻是一致的，共同認定的吐蕃窟共 30 個：第 93、112、133、144、151、154、155、157、158、159、191、197、200、201、222、231、237、238、240、358、359、360、361、365、369、447、471、472、474、475 窟。鑒於前人已經從不同的角度對這些洞窟的年代進行了考證，並獲得了相同的結論，筆者對此也持贊同意見。筆者在兩次實地考察吐蕃窟的過程

〔註 6〕趙青蘭：《莫高窟吐蕃時期洞窟龕內屏風畫研究》，《敦煌研究》1994 年第 3 期。

中，除了收集以上吐蕃窟的資料外，還將斷代有爭議的洞窟納入考慮中，採集了壁畫保存情況較好的第 186、141、145、147、232、236、468 窟等 7 個洞窟的基本資料。

表 1　相關研究論著中吐蕃窟分期斷代的結論表

<table>
<tr><td>《總錄》中的吐蕃窟</td><td colspan="5">21、92、93、112、133、134、135、144、151、153、154、155、157、158、159、179、186、188、191、197、200、201、202、222、231、236、237、238、240、258、357、358、359、360、361、365、369、370、447、468、469、471、472、474、475、478、479</td></tr>
<tr><td rowspan="3">《吐蕃佔領時期莫高窟洞窟的分期研究》</td><td colspan="2">早期：8 世紀 80 年代至 8、9 世紀之際</td><td colspan="3">晚期：9 世紀初至 9 世紀 40 年代</td></tr>
<tr><td colspan="2" rowspan="2">81、93、111、112、132、133、150、151、154、155、181、183、184、190、191、193、197、198、200、201、222、224、447、470、471、472、473、474、475</td><td colspan="2">前　　段</td><td>後　段</td></tr>
<tr><td colspan="2">136、141、142、143、144、145、147、157、158、159、160、231、232、235、237、238、240、360、363、365、367、368、369、468</td><td>7、358、359、361</td></tr>
<tr><td rowspan="2">《敦煌中晚唐後壁——龕窟的分期研究》</td><td>第一期　早期</td><td colspan="2">第二期　中期</td><td colspan="2">第三期　晚期</td></tr>
<tr><td>93、188、197、202、222、370</td><td colspan="2">154、201、236、200、358</td><td colspan="2">359、361、240、159、237、231、238、112、367</td></tr>
<tr><td rowspan="2">《六世紀末至九世紀中葉的裝飾圖案》</td><td colspan="3">建中二年（781）至開成四年（839）</td><td colspan="2">開成四年（839）至大中元年（848）</td></tr>
<tr><td colspan="3">144、157、186、222、231、236、237、238、360、197、369、116、134、135、358、225、384、185、218、386、126、129、188、155、158、191、365、447、475</td><td colspan="2">154、159、201、226、370、180、358</td></tr>
<tr><td rowspan="2">《莫高窟吐蕃時期洞窟龕內屏風畫研究》</td><td>第一期 8 世紀 8、90 年代前後</td><td colspan="2">第二期長慶會盟（821 年）前後</td><td>第三期長慶會盟前後至 9 世紀 30 年代</td><td>第四期 9 世紀 30、40 年代</td></tr>
<tr><td>134、135、144、468、153、154、155、222、226</td><td colspan="2">447、93、471、474、475、112、159</td><td>7、369、359、361、360、358</td><td>231、238、237、236、240、258</td></tr>
</table>

本文對吐蕃後期洞窟的考察研究將從以上已經確定的吐蕃窟出發，結合實地考察收集的信息，通過對窟龕形制、壁面壁畫的佈局和題材等基礎資料進行分類、組合，分析、比對，從中劃分出吐蕃後期洞窟以及可以作爲判斷吐蕃後期洞窟的標型窟，分析吐蕃後期洞窟的特點，同時考證斷代有爭議的洞窟的營建年代，確定吐蕃後期洞窟的數量。

第三節　莫高窟吐蕃後期石窟考證

對吐蕃後期洞窟的考證，目的在於能夠更爲準確地斷定吐蕃後期洞窟的數量，進而可以更全面、深入地研究吐蕃後期洞窟中具有突出時代特徵的經變畫。除了考古學的研究方法之外，美術史對石窟壁畫的圖像樣式及風格的研究，同樣也可以爲石窟的年代判斷提供較爲確鑿的證據。因此，筆者以前人的研究爲參考，實地考察敦煌莫高窟吐蕃時期補繪的洞窟和營建的新洞窟，初唐、盛唐和晚唐的部份洞窟，收集了吐蕃窟及吐蕃前後洞窟的資料，嘗試借助壁畫圖像的細部分析，利用壁畫的內容、風格、繪畫技法等作爲輔助，進行吐蕃後期洞窟的斷代研究。

《總錄》和《分期研究》中都分別列入了一些判定爲吐蕃時期營建，又經歷後代重修的洞窟。這些被重修的洞窟，尤其是經西夏或宋時徹底重修重繪的洞窟，僅憑藉眼睛觀察洞窟形制或者壁面表層壁畫的風格樣式已經無法搜尋到吐蕃時期營建或繪畫的痕跡。例如，第 447、471、472、474、475 窟保存情況較差，有的殘餘西壁龕內局部畫面，有的四壁均僅殘餘部份壁畫，而且畫面模糊不清。第 191 窟位於第 197 窟前室，坐南朝北，盝頂形窟，窟內無龕，窟室形制與其它吐蕃窟差別較大，又經五代重修，保存情況不完整。第 151 窟經西夏重修，吐蕃時期繪製的壁畫面貌不清楚。第 157 窟僅殘存窟頂部份。鑒於本文斷代的目的是爲了討論吐蕃後期的經變畫，以上完全被後代重修、重繪或者壁畫模糊不清的 9 個洞窟將不納入討論中。因爲石窟前室及甬道保存不完整，而且大多經後代重繪或補繪完成，所以本文對窟龕形制和壁畫的討論集中在石窟主室內。

一、吐蕃窟窟龕形制

（一）覆斗形頂、西壁開龕的殿堂窟

覆斗頂形窟是莫高窟唯一一類流傳年代最長的石窟形制，從十六國晚期至元代不斷被利用。在隋唐時期，石窟大多採用了此形制。石窟主室平面呈方形，正壁開龕，室內空間開敞寬豁。窟頂中心是方形深凹藻井，四面呈斜坡狀，形狀如倒斗，因而被命名爲覆斗頂。〔註 7〕除了第 365、158 窟外，吐蕃時期的洞窟都採用了覆斗形頂、西壁開龕的殿堂窟形制。（圖 1、圖 2、圖 3）

〔註 7〕「覆斗頂型窟」的概念，參見季羨林主編：《敦煌學大辭典》，上海辭書出版社，1998 年，第 23 頁。

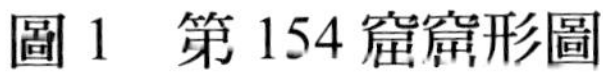
圖 1　第 154 窟窟形圖

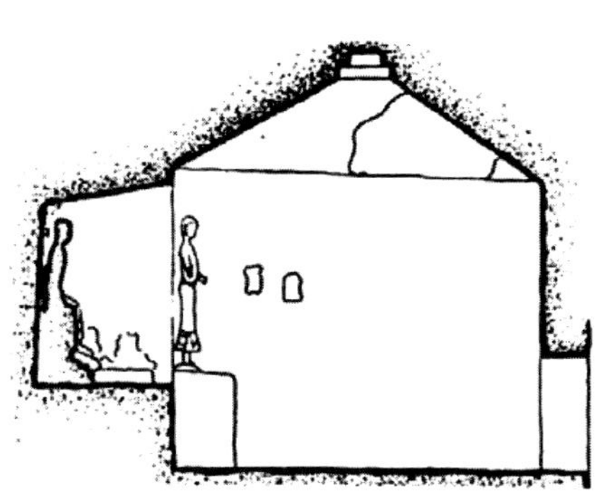

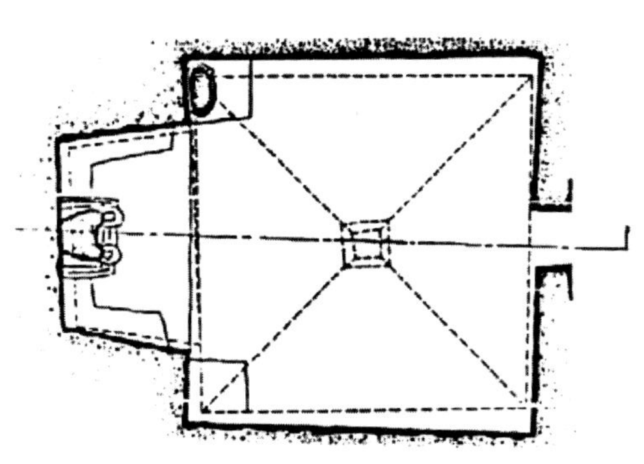

圖 2　第 231 窟窟形圖

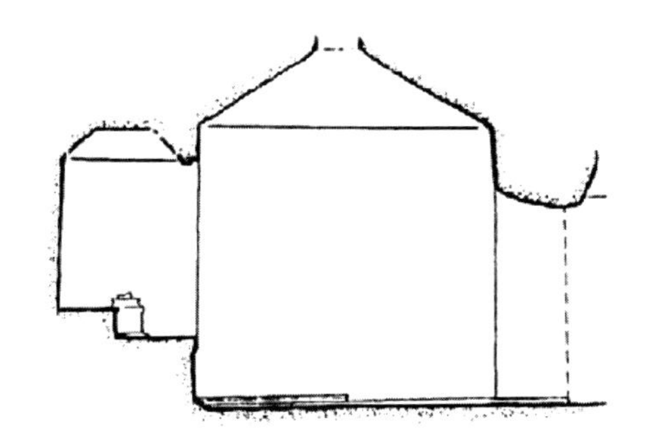

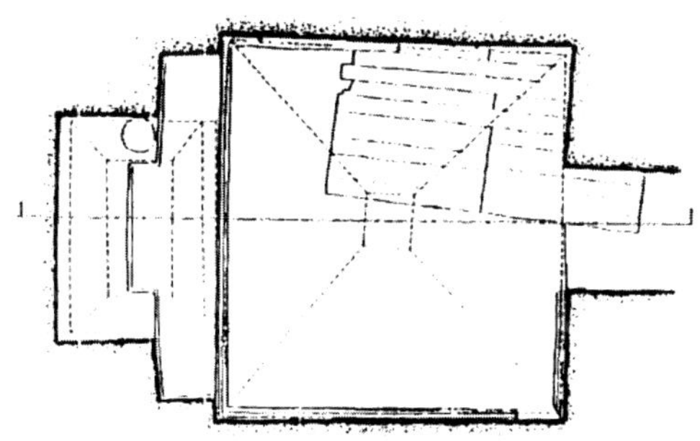

圖 3　第 361 窟窟形圖

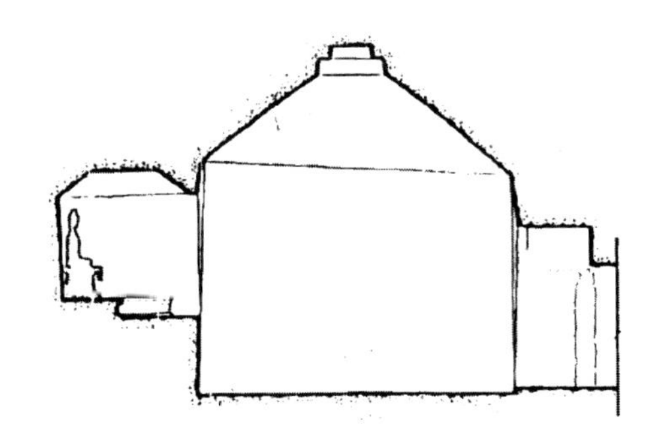

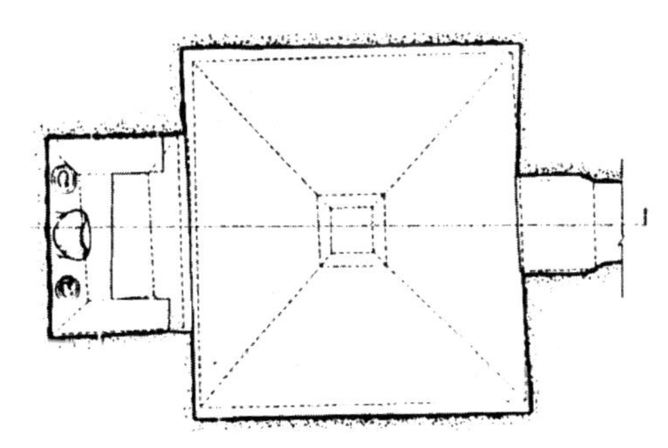

（二）龕形制

吐蕃時期的覆斗頂形殿堂窟是繼承前代洞窟形制而來，但沒有原樣照搬以前的樣式，突出的變化表現在龕形上。吐蕃窟的龕形有兩種：平頂敞口龕（圖 1）和盝頂龕（圖 2、圖 3）。平頂敞口龕在唐前期的洞窟中運用廣泛，在吐蕃窟中的數量則很少，僅出現在第 154、186、201 窟中，其餘洞窟均採用了盝頂龕。平頂敞口龕是唐前期龕形的延續，在吐蕃窟中出現的時間相對較早。盝頂龕代替平頂敞口龕成爲吐蕃窟的主要龕形，也是吐蕃後期洞窟中流行的龕形。

西壁龕平面均呈長方形，龕內塑像大多已毀壞，第 159、240、365 窟殘存部份塑像，它們原來的面貌已經不清楚。從龕內殘存的情況看，設置塑像的方式有四類，整理入《吐蕃窟龕平面示意圖》（見表 2）。類型 I 延續了盛唐西壁龕的樣式，在龕內和龕外方形像臺上塑像，第 201 窟還保持了平頂敞口龕的龕形。類型 II 龕內有馬蹄形佛壇，塑像放置在佛壇上，這是吐蕃時期西壁龕中出現的新現象，龕外延續了以前的形制，仍然設置塑像臺。西壁龕採用了新佛壇和舊像臺相結合的方式，是新舊龕形交替過程中的樣式。第 154 窟是最好的實例，西壁龕爲平頂敞口龕，龕內設置馬蹄形佛壇，龕外保留了方形像臺（圖 1）。類型 I 和類型 II 兩類龕形的洞窟數量很少，它們營建的時間也相對較早。類型 III 龕內無佛床，龕外無像臺，塑像放置在龕內，這是吐蕃時期的變化龕形，數量不多，第 238、240 窟屬於這一類型。類型 IV 是吐蕃時期發展成熟的龕形，洞窟數量最多。龕頂均爲盝頂，龕內設置馬蹄形佛壇，龕外不再設置像臺，塑像全部放置在龕內的佛壇上。第 231 窟完整地呈現了吐蕃時期最流行的窟龕形制（圖 2）。

表 2　吐蕃窟龕平面示意圖

類 型	示意圖	說 明	窟 號
類型 I	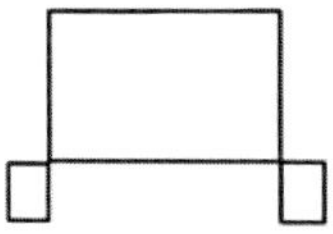	龕內無佛壇，龕外兩側設置像臺	93、155、197、201
類型 II	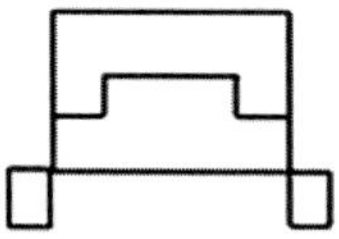	龕內設置馬蹄形佛壇，龕外兩側有像臺	154、222
類型 III	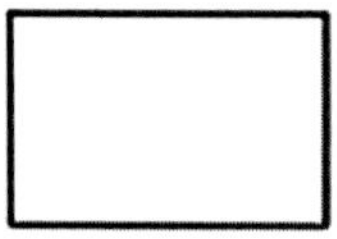	龕內無佛壇，龕外無像臺	186、238、240
類型 IV	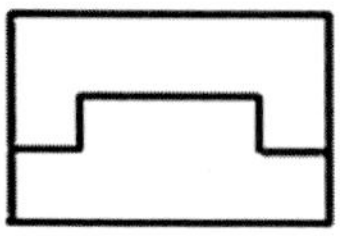	龕內設置馬蹄形佛壇	112、133、141、144、145、147、159、200、231、232、236、237、358、359、360、361、369、468

（三）特殊的洞窟形制

第 158、365 窟洞窟形制特殊。第 158 窟是巨大的涅槃窟，石窟主室平面爲橫長方形，盝頂，四披略呈弧形，西、南、北壁三面塑像，西壁設置像壇，壇上雕塑長達 15.5 米的涅槃佛像，主室的形制與吐蕃後期常見的盝頂形龕類似，可能是爲了滿足造像的需要並受到盝頂形龕的啓發而設計（圖 4）。甬道北壁底層有吐蕃時期繪製的兩身比丘像和兩身吐蕃裝供養人像，因爲壁畫毀壞嚴重，人物形象已經不清晰，慶幸的是北壁第二身比丘像的榜題還可以辨認，「大番管內三學法師持鉢僧宜」，有可能這是一位吐蕃供養僧人。〔註 8〕主室北壁畫舉哀圖，漢族帝王像前有悲痛欲絕的吐蕃贊普像。這些人物爲確定此窟爲吐蕃窟提供了證據。第 365 窟窟室形制同樣是爲了滿足雕塑佛像的需要而設置，主室平面爲橫長方形，橫券頂，西壁設置佛壇，壇上塑藥師七佛像，此題材在莫高窟僅此一例。它龐大的規模和獨特的窟室形制、造像題材展現了窟主非同一般的身份和普通信眾不能與之相比的財力。在剛剛結束戰亂的吐蕃前期，莫高窟是無法完成如此大型的造像活動，它們只能是在吐蕃後期由某個世家大族或者僧團的支持與輔助之下完成的。

圖 4　第 158 窟窟形圖

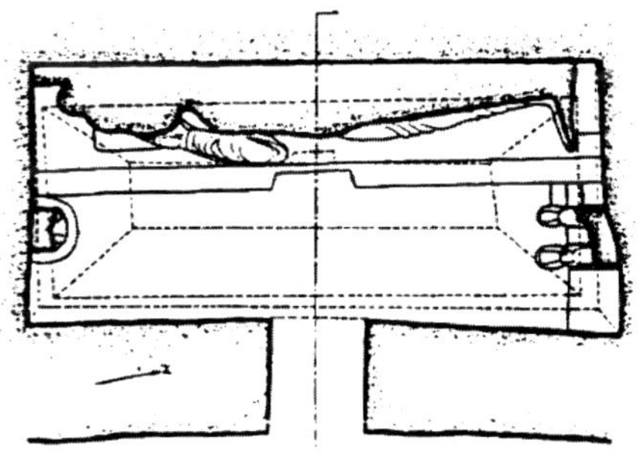

從窟龕形制的基本資料看，除了 158、365 窟這樣的大型洞窟形制特殊之外，可以確定的是，西壁開盝頂龕，龕內設置馬蹄形佛床的覆斗頂殿堂窟是吐蕃後期發展成熟的主要窟龕形制。第 238、240 窟龕內雖然無馬蹄形佛壇，但已經擺脫了前代的敞口龕形，採用了盝頂龕，龕內的佈局還處於變化之中。

〔註 8〕賀世哲：《從供養人題記看莫高窟部份洞窟的營建年代》，載敦煌研究院編：《敦煌莫高窟供養人題記》，文物出版社，1986 年，第 75 頁。

二、吐蕃窟的壁畫構成形式和題材

根據石窟主室的結構，可以將壁面劃分爲四個部份：窟頂，西壁龕頂、龕內壁和龕外兩側，南、北壁，東壁，每個部份壁畫的佈局方式稱爲構成形式。以下就從壁畫構成形式和題材兩方面對吐蕃窟進行考察，從中找出吐蕃後期石窟壁畫構成形式及題材的特徵。

（一）吐蕃窟窟頂壁畫構成形式和題材

吐蕃窟窟頂四披大多繪製千佛，後來又出現了說法圖和千佛相結合的圖樣。窟頂四披壁畫的構成形式有三種類型，如《吐蕃窟窟頂壁畫構成形式》中的說明（見表 3）。

表 3　吐蕃窟窟頂壁畫構成形式

類　型	說　　　明	窟　　　號
類型 I	四披畫千佛	197、201、238、240
類型 II	四披畫千佛，中央說法圖一鋪	93、112、141、144、145、147、154、200、222、231、237、360、369
類型 III	東、南、北披畫千佛，中央說法圖一鋪，西披畫十方佛赴會	358、359、361

注：第 133、155、159、232、236 窟四披僅存部份千佛或完全損毀，原來的面貌不清楚，因此未列入表中。有兩個洞窟窟頂四披畫經變畫，第 186 窟四披畫彌勒經變，第 468 窟四披畫法華經變序品。

表 3 中的三種類型呈現了吐蕃窟窟頂壁畫構成形式和題材發展變化的過程。類型 I 繼承了中唐以前洞窟常常繪製的題材，用單一的千佛圖案裝飾四披，這一類洞窟數量少，出現的時間也較早。類型 II 四披畫千佛，千佛中央畫說法圖，這一類構成形式最流行，洞窟數量最多。每窟四披千佛中的說法圖都不相同，有單身佛樹下說法圖，一佛二菩薩二弟子五身像說法圖，釋迦、多寶並坐說法圖，有的說法圖中畫出了佛殿建築或多寶塔等等，充分的體現了同時代洞窟壁畫整體佈局的統一規範性與局部細節的多樣性。例如，第 237 窟四披千佛中央均畫釋迦佛、多寶佛坐塔中的說法圖。第 144 窟窟頂四披千佛中央有一座三間四柱的殿堂，殿堂內是肩披袈裟的坐佛。第 360 窟窟頂西披千佛中央畫三間四柱的佛殿，殿中有一身坐佛說法，南、北、東三披的殿堂中畫釋迦、多寶並坐說法。類型 III 是在窟頂南、北、東披畫千佛，

千佛中央畫說法圖一鋪，西披則出現了十方佛赴會的畫面。這一類型洞窟出現的時間較晚，集中在最北端相鄰的洞窟第 358、359、361 窟中。第 359 窟龕上沿仿照佛殿建築畫「仰陽版」裝飾帶，仰陽版上沿中央畫正面的朱雀，兩側有伽陵頻迦和山花蕉葉〔註 9〕。西披中央畫說法圖一鋪，兩側分別畫五組乘雲前來赴會的一佛二菩薩，捲曲、流動的雲彩爲畫面增添了動態感（圖 5）。

圖 5　第 359 窟西披

（二）吐蕃窟西壁壁畫構成形式和題材

吐蕃窟西壁壁畫的構成形式比其它壁面更複雜一些，由龕盝頂、龕內壁和龕外兩側壁三個區域組成，每個區域的壁畫裝飾都有各自的特點，以下對每個區域分別進行討論。

1. 龕盝頂

根據龕頂和四披的裝飾題材，龕盝頂壁畫構成形式可以分爲三種類型，如《吐蕃窟龕頂和四披壁畫構成形式》中的說明及陳述（見表 4）。

〔註 9〕參見蕭默著：《敦煌建築研究》，機械工業出版社，2003 年。第十一章，敦煌石窟洞窟形制。

表 4　吐蕃窟龕頂和四披壁畫構成形式

類 型	說　　明	窟　　號	特殊洞窟
類型 I	龕頂裝飾棋格團花圖案，四披畫立佛或趺坐佛，以及供養菩薩、化生、天王等。	112、144、145、147、159、197、200、222、232、238、240、359、360、468	第 93 窟龕頂、四披畫團花。 第 141、369 窟龕頂西披畫菩提寶蓋，其餘三披畫佛。 第 222 窟龕頂和東披畫棋格團花，其餘三披畫佛和化生。
類型 II	龕頂裝飾棋格雁銜瓔珞團花圖案，四披畫藥師佛和菩薩或畫千佛	358、361	
類型 III	佛龕頂裝飾棋格團花圖案，四披畫瑞像	231、236、237	

注：非盝頂龕的洞窟和西壁龕殘損嚴重，原有情況不清楚的洞窟未列入表中。

盝頂龕最早出現在莫高窟盛唐洞窟中，伴隨盝頂龕的出現產生了新的裝飾樣式，即在龕頂裝飾棋格圖案，四披畫佛像。盝頂龕是吐蕃窟的主要龕形，龕頂的裝飾沿用了前代的構成形式，同時又有新的裝飾紋樣加入其中。

類型 I 是吐蕃窟盝頂龕中最常見的構成形式，龕頂裝飾棋格團花。茶花紋或菱形幾何紋組成的長條裝飾帶將龕頂分隔成如同棋盤的小方格，小方格中央畫團花，四角裝飾四分之一團花。團花由蓮花和寶相花或蓮花和茶花組合而成，兩種花形間隔排列，或者茶花組成的團花單獨出現。圖 6 是第 159 窟龕頂裝飾圖案，分隔龕頂的長條裝飾帶以配飾兩片樹葉的茶花圖案爲主，裝飾帶相交處畫茶花一朵。方格內以土紅色爲地，寶相花團花多染石綠，茶花團花多染吐蕃洞窟中常見的黃色，色彩鮮亮，突出豪華熱烈的氣氛。茶花是吐蕃窟中最流行的裝飾花型，這是在吐蕃統治敦煌以前，莫高窟中不曾見到的裝飾紋樣。茶花採用多種構圖方式，或者與蓮花、寶相花、幾何紋組合，出現在窟頂、龕頂、四壁的裝飾帶中，有的龕頂棋格內全部繪製相同的團花圖案，相鄰方格內的團花塗染不同的顏色，利用顏色的變化帶來豐富的裝飾效果。

立佛或坐佛是盝頂四披繪製的主要題材，各披的兩端還分別畫供養菩薩、化生、天王等人物。第 222 窟和第 369 窟龕頂和四披壁畫構成形式與其它洞窟略有差異，裝飾題材沒有變化。

圖 6　第 159 窟龕頂棋格團花圖案

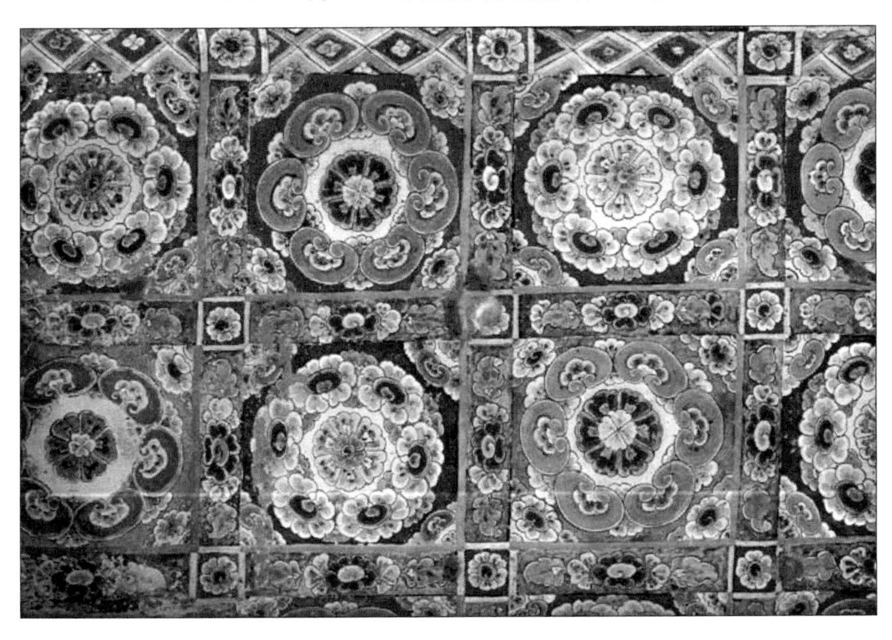

類型 II 四披裝飾圖案與類型 I 相同，龕頂棋格內畫雁銜瓔珞圖案（圖 7），此情形僅出現在第 358、361 窟，第 158 窟涅槃佛頭下的佛枕上也畫有類似的圖案裝飾。第 361 窟龕頂用一整二半茶花紋裝飾帶分隔成小方格，方格四角裝飾四分之一茶花紋和菱形幾何紋飾帶。方格中央畫平瓣蓮花，蓮花中是聯珠紋和方勝紋組成的裝飾圈，圈內有口銜瓔珞、頸束綬帶、腳踏雲紋的立雁，相鄰兩格的雁相對而立。聯珠圈獸鳥紋在中原出現的時間較早，西安北郊龍首原發現的北周安伽墓棺床正面榻板雕刻有聯珠圈動物頭像紋，山西太原隋虞弘墓出土漢白玉石槨浮雕圖像中體現出諸多波斯、中亞美術的元

圖 7　第 361 窟龕頂裝飾圖案

素，繫綬帶的立雁也在其中。莫高窟隋代窟中大量出現獸鳥聯珠圈紋，新疆克孜爾石窟、吐魯番阿斯塔那唐墓中也有類似的紋樣，研究者大多認同此紋樣受到中亞藝術風格的影響。〔註 10〕

聯珠圈紋和禽鳥組成的圖案同樣受到了吐蕃人的青睞。常常被引用的材料是唐代畫家閻立本的《步輦圖》，畫卷表現吐蕃使節祿東贊前來朝見唐太宗，祿東贊身穿有禽鳥聯珠圈紋的錦袍。青海都蘭吐蕃墓出土大量織錦，其紋飾最多的是與聯珠、花瓣組合在一起的，嘴銜瓔珞或項鏈、脖後繫有飄帶的立鳥圖案。吐蕃時期的銀瓶、墜飾或護身符等器物上也屢屢見到刻飾浮雕的成對禽鳥或交頸異禽，「溯其源流，則是受到粟特織物紋樣圖案中，喜歡用聯珠圈內飾對異獸、異禽爲主體、以花葉紋或心形紋作爲間飾的影響」。〔註 11〕7 世紀後半葉，吐蕃入侵西域，與那一帶的粟特人有了接觸。《沙州圖經》記載「薩毗城，右西北去石城鎮四百八十里。其城，康豔典造。近薩毗澤……日六十里，山險，恒有吐蕃、吐谷渾來往不絕。」文中提到的石城鎮正是粟特人居住的地方。「至公元 8 世紀初，吐蕃佔領這一地區，該地的粟特人自然受到吐蕃的統治，……此外，唐代敦煌地區也有大批粟特人聚居，公元 8 世紀後半葉，吐蕃攻佔此地後，這些粟特人多淪爲寺戶，受到當局的驅使。」〔註 12〕到 8 世紀末，吐蕃不僅控制了整個天山南路地區，而且相對穩定地統治了中亞，東南西北的物資和文化都在吐蕃統轄地內交流、聚集，中亞、西亞以及中原唐朝的多種藝術風格對吐蕃藝術都產生了影響。莫高窟吐蕃窟中再度出現禽鳥聯珠圈裝飾圖案應該是受到吐蕃人審美喜好的影響，它們出現的時間在吐蕃統治敦煌後期。

類型Ⅲ龕頂裝飾圖案與類型Ⅰ相同，四披出現了新題材瑞像圖。龕頂四披畫瑞像圖的吐蕃窟數量很少，僅有第 231、236、237 窟三個洞窟（圖 8）。瑞像圖中的佛陀、菩薩、龍王、天王等人物形象都來自于闐，有源自印度神話的神祇，也有于闐當地崇奉的人物。〔註 13〕吐蕃與于闐早在松贊干布時期

〔註 10〕見沙武田著：《吐蕃統治時期敦煌石窟研究》，中國社會科學出版社，2013 年。

〔註 11〕阿米・海勒著，楊清凡譯：《拉薩大昭寺藏銀瓶——吐蕃帝國（7 世紀至 9 世紀）銀器及服飾考察》，載四川大學藏學研究所主編，《藏學學刊》第 3 輯，四川大學出版社，2007 年，第 207 頁。

〔註 12〕轉引自楊銘著：《吐蕃統治敦煌與吐蕃文書研究》，中國藏學出版社，2008 年，第 135 頁。

〔註 13〕參見《敦煌「瑞像記」、瑞像圖及其反映的于闐》，載張廣達、榮新江著：《于闐史叢考》，中國人民大學出版社，2008 年。

就建立了往來關係，貞元七年（791）于闐成爲吐蕃的屬地。藏文《大藏經》中關於于闐的著作、于闐和敦煌出土的藏文文書都證實了于闐與吐蕃間密切往來的史實，吐蕃本土及敦煌的佛教藝術都不同程度受到于闐的影響，吐蕃窟中出現瑞像圖與于闐有著直接的關係。〔註 14〕吐蕃統治敦煌結束之後，于闐國頻繁派遣重要使節前往敦煌，再加上 10 世紀時于闐王族與沙州曹氏家族聯姻，從而導致了瑞像圖在歸義軍時代的洞窟中大肆流行。

圖 8　第 237 窟龕頂東披和西披瑞像圖局部

從以上分析可以獲得這樣的認識，類型 I 是吐蕃窟中普遍流行的構成形式，類型II 、類型III不僅數量少，而且出現的時間也相對較晚。

2. 龕內屏風畫構成形式和題材

龕內三壁畫弟子像或屏風畫，屏風畫題材以經變故事畫爲主。第 186、197、201 窟龕內三壁畫弟子像，第 155 窟西壁屏風畫弟子像。其餘洞窟龕內均畫屏風故事畫，數量最多的是藥師經變題材，圖繪十二大願、九橫死、豎幡、齋僧、燃燈等內容，見於第 93、144、145、154、159、200、222、232、359、369、468 窟等。龕內屏風畫還受到南、北壁屏風畫和經變畫題材影響，出現了新的內容，第 147、231、236、237、238 窟龕內屏風畫報恩經變惡友品。第 358 窟的龕內屏風畫觀無量壽經變十六觀、未生怨。第 112、240、360 窟龕內屏風畫彌勒經變故事畫。龕內三壁裝飾屏風故事畫是吐蕃窟龕內壁畫的主要構成形式，畫弟子像的洞窟不僅數量少而且年代稍早一些。

〔註 14〕參見高永久、王國華：《吐蕃統治下的于闐》，載《西北民族研究》1991 年第 2 期。張亞莎：《吐蕃與于闐關係考》，載《西藏研究》1999 年第 1 期。孫修身：《敦煌佛教藝術和古代于闐》，載《新疆社會科學》1986 年第 1 期。

龕內屏風故事畫與南、北、東壁經變畫下方屏風畫表現的內容和方式是完全相同的，但是由於位置的不同，龕內屏風故事畫並不附屬於經變畫，不是爲補充經變畫而作，而是和龕內塑像一起組合成一個完整的整體，成爲洞窟中繪塑作品最爲核心的部份，傳遞出石窟造像崇奉的主體意義。龕內屏風畫「是爲了進一步說明與主尊有關的故事內容與情節，起著補充說明的功能」，〔註 15〕盝頂四披及左、右、正壁的屏風中繪與主尊有直接關係的佛像、瑞像、故事畫等，有的與龕外兩側的壁畫組合，就形成了洞窟中最重要、最特殊的一鋪經變，此觀點無疑有一定的合理性。遺憾的是龕內的主尊及脅侍塑像幾乎沒有完整地保存下來，主尊佛的身份難以確定，龕內屏風畫與塑像之間的關係還只是停留在推測的層面。

3. 龕外兩側壁畫構成形式和題材

龕外兩側壁畫構成形式有兩種。一類畫單身尊像，第 93、154、155、201、222 窟龕外兩側分別畫菩薩、坐佛、藥師、地藏、毗沙門天王等尊像。第 197 窟較爲特別，兩側各畫多子塔一鋪。

另一類吐蕃窟龕外兩側壁面分別畫文殊變與普賢變。唐前期洞窟中常見的文殊騎獅、普賢騎象圖在吐蕃窟中仍有出現，配置有眾多脅侍人物的文殊、普賢變在吐蕃窟中逐漸形成，兩鋪經變在龕外兩側對稱佈局。文殊騎獅、普賢騎象，在菩薩、天女、天龍八部等眾侍從的簇擁下相向而行，前行隊列中人物的行動姿態、略微飄動的華蓋、搖曳的幡幢爲畫面增添了動態的效果，與西壁龕內靜態的塑像巧妙地配合在一起（圖 9）。文殊道場五臺山作爲背景出現在經變中，或者單獨出現在經變下方的屏風畫中，第 237、159 窟龕外、第 361 窟帳扉分別畫有五臺山化現圖和普賢事跡圖屏風畫。唐長慶四年（824），吐蕃曾派遣使者前去求取五臺山圖，吐蕃窟出現五臺山圖與吐蕃人對五臺山的敬仰有密切關係。

（三）南、北壁壁畫構成形式和題材

經變畫是吐蕃窟中最爲突出的壁畫內容，無論洞窟大小，一窟之內均畫數種經變題材，南、北壁的經變畫從一壁一鋪轉變爲一壁二至三鋪。爲了適應一壁繪製多鋪經變畫的需要，南、北壁壁畫逐漸形成新的構成形式。吐蕃窟南、北壁壁畫構成形式有明顯的變化序列，可分爲以下五種類型（圖 10）。

〔註 15〕趙青蘭：《莫高窟吐蕃時期洞窟龕內屏風畫研究》，《敦煌研究》1994 年第 3 期，第 57 頁。

圖 9　第 159 窟西壁龕外普賢變、文殊變

圖 10　吐蕃窟南、北壁壁畫構成形式

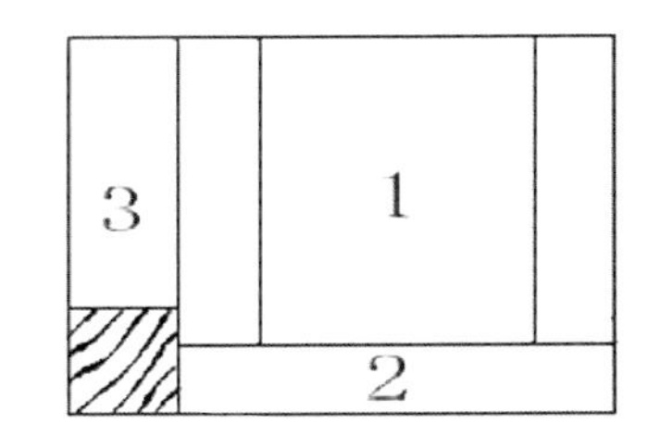

1 經變　2 供養人像　3 單身人物象
類型 I

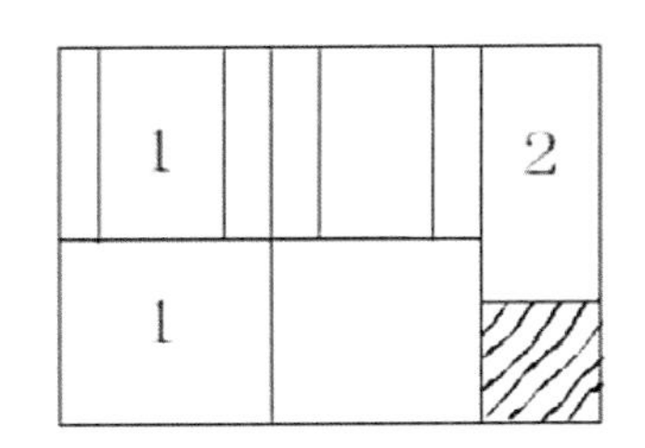

1 經變　2 單身人物象
類型 II

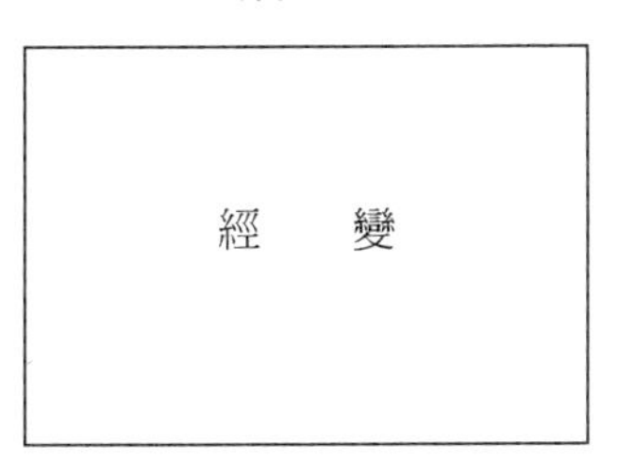

類型 III

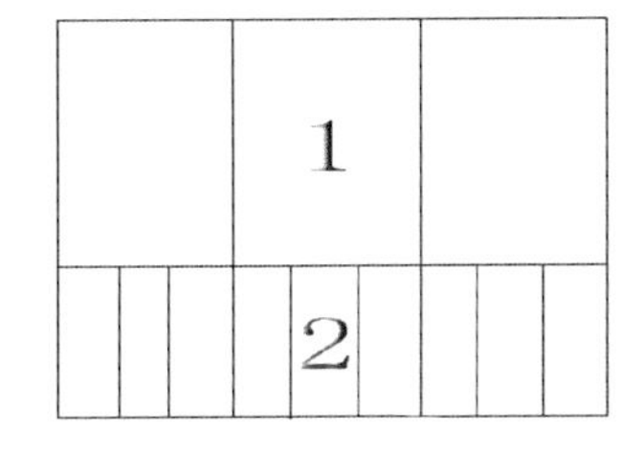

1 經變　2 屏風畫
類型 IV

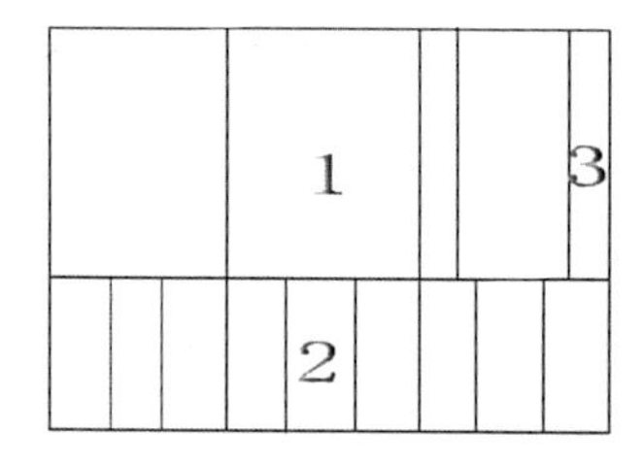

1 經變　2 屏風畫　3 條幅故事畫
類型Ⅴ

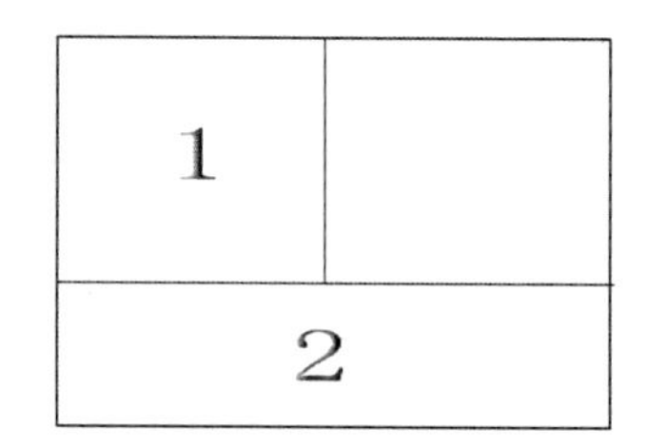

1 經變　2 供養人像
類型Ⅵ

類型Ⅰ是第 197 窟北壁和第 155 窟南、北壁壁畫構成形式，壁面畫經變一鋪，經變兩側繪條幅式故事畫，壁面西端畫單身尊像，龕外設置的像臺遮擋了小塊壁面。壁面的佈局延續了吐蕃以前洞窟南、北壁的構成形式。第 201 窟南、北壁的佈局與第 155 窟相似。第 93 窟南、北壁經變畫兩側沒有條幅故事畫。

類型Ⅱ是第 154 窟南壁構成形式，經變畫的佈局很特殊。壁面出現了四鋪經變，呈「田」字樣式排列，這種樣式僅在第 154 窟南壁出現，似乎正在嘗試如何實現在一壁之上繪製多鋪經變畫的構成形式。壁面西端仍然保留了單身尊像。類型Ⅰ、Ⅱ出現的時段較早，南、北壁的構成形式尚未統一，經變畫的佈局也沒有形成規範的樣式，有的洞窟南、北兩壁的構成形式沒有採用對稱的樣式。

類型Ⅲ第 186 窟南、北壁各有經變畫一鋪，壁面西側無單身尊像，經變畫兩側無條幅故事畫，下方無屏風畫，可能是正在變化過程中的構成形式。

類型Ⅳ是吐蕃窟南、北壁最普遍的構成形式，見於第 112、133、144、145、147、159、231、232、238、240、360、369 窟等等。龕外設置的像臺和壁面的單身尊像都被取消，南、北壁完全用於繪製經變畫，兩壁形成對應的格局，構成形式完全相同。壁面分上下兩層，上層畫 2～3 鋪經變，下層畫與經變相關的屏風畫。此類型在吐蕃前期就已經開始出現，在吐蕃後期是最流行的構成形式。

類型Ⅴ與類型Ⅳ類似，經變和屏風畫是壁面表現的主體，但是其中一鋪經變保留了條幅式故事畫部份，這類洞窟很少，在第 141、200、236、237、468 窟中可以見到。屏風故事畫開始流行之後，條幅式故事畫仍然沒有消失，而且有時和屏風故事畫並存。

類型Ⅵ從類型Ⅳ變化而來，主要出現在中型洞窟中。因爲壁面的高度不夠，經變畫下方剩餘的壁面已經不能再繪製屏風畫，供養人像行列佔據了最下層的壁面，和類型Ⅰ有相同之處，第358、359、361窟屬於此類型。第358窟南、北壁西端的經變畫也保留了條幅式故事畫部份。

通過分析以上南、北壁壁畫構成形式，不難發現，因爲經變畫流行，南、北壁需要更大的壁面來圖繪多鋪經變畫，曾經佔據部份壁面的單身尊像和西壁龕外的像臺有所妨礙。吐蕃前期在洞窟南、北壁出現的單身尊像和經變畫共處一壁的構成形式已經不適用，所以單身尊像和龕外像臺都被取締，塑像全部安置到龕內，窟內的空間更加開闊，空餘出來的壁面爲經變畫提供了最大限度的發揮空間，而且更加強調南、北壁壁畫的對應關係，兩壁經變畫的數量和構成形式都完全相同。龕形制的類型Ⅲ和類型Ⅳ所包含的洞窟與南北壁壁畫構成形式類型Ⅳ、Ⅴ、Ⅵ包含的洞窟幾乎完全相同，這一點也恰好進一步說明吐蕃時期洞窟龕形制的改變正是爲了滿足南、北壁經變畫構成形式的需要，龕外像臺、龕平面形制和塑像佈局的變化與主室南北壁壁畫構成形式的變化是同步的。

南、北兩壁經變數量增加是經變題材豐富帶來的影響。由於淨土信仰流行，唐前期常見的淨土類題材在吐蕃窟中仍然佔有重要的地位，幾乎每個窟中都畫有與淨土信仰有關的經變。觀無量壽經變的數量位居榜首，新出現的「未生怨因緣」故事爲區別盛唐和中唐洞窟提供了依據。其次是藥師經變與彌勒經變，在數量上僅次於觀無量壽經變。與淨土類經變共居一室的是關涉各宗派信仰的經變題材，法華經變、華嚴經變、金剛經變、天請問經變、報恩經變、金光明經變等等，反映出當時信仰思想和需求的多樣化面貌。

（四）東壁壁畫構成形式和題材

根據壁畫的佈局，可以將壁面劃分爲五個區域：①東壁門上，②東壁門北側上部，③東壁門南側上部，④東壁門北側下部，⑤東壁門南側下部。吐蕃窟東壁各區域壁畫內容列入《吐蕃窟東壁壁畫構成形式及題材列表》（見表5）。

吐蕃窟東壁壁畫構成形式只有一種類型，壁面各區域內的題材有明顯的發展序列。類型Ⅰ洞窟東壁各區域壁畫題材不固定，隨意性較大。雖然東壁門南、北側也以一鋪經變畫爲主，但是題材各不相同，有觀音變、大勢至變、金光明經變、金剛經變等等。東壁門上和門南、北側下方壁畫殘損較爲嚴重或者被後代改繪，每個洞窟繪製的內容都不相同。這些洞窟建成的年代稍早。

表 5　吐蕃窟東壁壁畫構成形式及題材列表

類型	窟號	①門上	②門北側上／③門南側上	④門北側下／⑤門南側下
類型I	222	願文榜題	文殊／普賢	模糊
	154	坐佛／西夏畫說法圖	金剛經變／金光明經變、天請問經變	西夏畫
	112	降魔變	觀音變／大勢至變	（無）
	197	宋畫菩薩	如意輪觀音變／觀音像	宋畫菩薩／殘
類型II	200	願文榜題	如意輪觀音變／不空絹索觀音變	屏風畫／屏風畫
	358	說法圖	如意輪觀音變／不空絹索觀音變	供養人像／供養人像
	361	釋迦、多寶說法	千手觀音變／千缽文殊變、不空絹索觀音變	毀／五代畫
	144	供養人像	千缽文殊變／千手觀音變	供養人／供養人
	145	無畫	如意輪觀音經變／不空絹索觀音經變	屏風畫／屏風畫
	147	說法圖	如意輪觀音經變／不空絹索觀音經變	屏風畫／屏風畫
	232	千手千眼觀音經變	不空絹索觀音經變／如意輪觀音經變	屏風畫／屏風畫
	141	不空絹索觀音經變	思益梵天問經變／天請問經變	宋畫
類型III	133	殘毀	維摩變（文殊）／維摩變（維摩詰）	屏風畫／屏風畫
	236	模糊	維摩變（文殊）／維摩變（維摩詰）	模糊
	237	維摩變（佛國品）	維摩變（文殊）／維摩變（維摩詰）	屏風畫／屏風畫
	360	維摩變（佛國品）	維摩變（文殊）／維摩變（維摩詰）	屏風畫／屏風畫
	369	維摩變（佛國品）	維摩變（維摩詰）／維摩變（文殊）	屏風畫／屏風畫
	159	維摩變（佛國品）	維摩變（文殊）／維摩變（維摩詰）	屏風畫／屏風畫
	359	供養人像	維摩變（文殊）／維摩變（維摩詰）	供養人像／供養人像
	231	供養人像	維摩變／報恩經變	屏風畫／屏風畫
	238	供養人像	殘／報父母恩重經變	殘／屏風畫

注：東壁殘毀或者完全經後代改繪的洞窟未列入其中。第 369 窟維摩變爲五代畫。

類型II洞窟東壁門上的題材也是各不相同，有說法圖，也有供養人像。東壁門南、北側均爲密教觀音經變題材，經變畫下方繪製的內容與南、北壁相一致，畫屏風畫或供養人像，與南、北壁下方連接成統一的整體。第 358 窟北壁經變畫下方畫供養人，面向西排列，東壁北側經變下方的供養人則面向北排列，與北壁的供養人一起組成一支向西壁主龕朝拜的禮佛隊伍。

類型III東壁門上及兩側畫維摩詰經變，門上畫維摩變佛國品，門兩側分別以文殊和維摩詰爲中心畫其它各品的內容。經變畫下方大多是屏風畫，繪製權方便品、弟子品的內容。第 231、238、359 窟東壁門上出現了夫婦對坐供養人像，類型II第 144 窟東壁門上同樣畫夫婦對坐像，這是吐蕃窟中出現的新圖像，它們出現的時段較晚，可能與第 231 窟的建成年代相近。第 238 窟東壁壁畫與第 231 窟類似，但是東壁門上的供養人像模糊，東壁門北側完全殘毀，從殘存的壁畫構成形式看，它與類型III的洞窟有諸多相似之處，殘毀的東壁門北側可能畫的是維摩詰經變。

類型II和類型III壁東壁畫構成形式和題材明顯表現出一定的規範性，是吐蕃時期發展成熟的樣式和題材，這兩種類型可能同時存在。

（五）吐蕃窟龕形制、壁畫構成形式和題材組合

在以上對各個壁面壁畫構成形式和題材進行分類分析的基礎上，表 6 以洞窟爲單位，將壁面進行組合。這些洞窟從龕形到壁畫的情況都很複雜，複雜之中又呈現出一些規律性。因此根據各洞窟壁面的類型特徵，將相同類型因素多的洞窟歸類爲一組，所有洞窟可以分爲五組。

表 6　吐蕃窟龕形制、壁畫構成形式和題材類型組合

	窟號	窟頂壁畫類型			龕平面佈局類型				龕頂、四披裝飾類型			龕內三壁		龕外兩側	南、北壁壁畫佈局類型						東壁壁畫類型		
		I	II	III	I	II	III	IV	I	II	III	弟子像	屏風故事畫	文殊普賢變	I	II	III	IV	V	VI	I	II	III
1	93		✓		✓				✓				✓	/	✓						殘毀		
	197	✓			✓				✓			✓		/	✓						✓		
	201	✓			✓				敞口龕			✓		/	✓						宋畫		

2	154		✓			✓			敞口龕				✓	/		✓					✓		
	222		✓			✓			✓				✓	/	中、下部模糊						✓		
	112		✓					✓	✓				✓	✓				✓			✓		
	200		✓					✓	✓				✓	✓					✓			✓	
3	155	殘毀			✓				殘毀			✓		/	✓						殘毀		
	186	經變					✓					✓		/			✓				五代畫		
	238	✓					✓		✓				✓	✓				✓					✓
	240	✓					✓		✓				✓	✓				✓			殘毀		
4	133	殘毀						✓	殘毀			殘毀		/				✓					✓
	159	殘毀						✓	✓				✓	✓				✓					✓
	360		✓					✓	✓				✓	✓				✓					✓
	369		✓					✓	✓				✓	✓				✓					✓
	231		✓					✓		✓			✓	✓				✓					✓
	236		✓					✓		✓			✓	✓					✓				✓
	237		✓					✓		✓			✓	✓					✓				✓
	468	經變						✓	✓				✓	✓					✓		五代畫		
5	358			✓				✓			✓		✓	✓						✓		✓	
	359			✓				✓	✓				✓	✓						✓			✓
	361			✓				✓			✓		✓	✓						✓		✓	
	141		✓					✓	✓				✓	✓					✓			✓	
	145		✓					✓	✓				✓	✓				✓				✓	
	147		✓					✓	✓				✓	✓				✓				✓	
	232		殘					✓	✓				✓	✓				✓				✓	
	144		✓					✓	✓				✓	✓				✓				✓	

注：龕外兩側項中「／」表示此窟龕兩側壁畫不是文殊、普賢變。

第1組和第2組龕形制帶有更多的早期因素，第154、201窟延續了前代的敞口龕，多數洞窟龕外設置了像臺，南、北壁以經變畫與單身尊像組合的佈局方式爲主，東壁壁畫題材眾多，無規律性。這些洞窟的營建年代較早，在吐蕃統治敦煌初期。

第 3 組洞窟，第 238、240 窟位於 B 區北大象北側的第二層，位置相鄰，兩窟北側是隋和初唐時期的洞窟。窟內保留了一些前期洞窟的因素，窟頂四披只畫千佛，千佛中央無說法圖。西壁龕外的像臺已經消失，龕內也無馬蹄形佛床。南、北壁經變畫構成形式有規範化的面貌，各畫經變兩鋪，經變下畫屏風故事畫。第 238 窟東壁門上出現了供養人像，遺憾的是畫面被嚴重薰黑，難以辨認。龕內、龕外兩側、南、北、東壁壁畫的構成形式與第 4 組有更多相同的因素。

第 155、186 窟需要特別說明。第 155 窟龕形制、南、北壁壁畫構成形式均與第 1 組洞窟類似，採用了早期洞窟的樣式，但是西壁龕下的供養人像和題記證實此窟爲吐蕃後期洞窟。第 155 窟西壁龕下畫供養人，中央保存供養人題記一方，「前沙州釋門都教授乾元寺沙門金炫就此窟內一心供養」。〔註 16〕據鄭炳林考證，P.4060《沙州釋門都教授炫闍梨贊並序》記載的炫闍梨，即 S.2729《辰年（788）五月三日算使論悉諾接謨勘牌子曆》中記載的乾元寺僧張金炫，在 P.2770《釋門範文》中他擔任著乾元寺教授職務。張金炫於 832 年左右去世，在去世之前他已經升任都教授，此後由吳洪辯接任都教授一職。第 155 窟沙門金炫供養像即是文書中記載的炫闍梨，從題記看此像爲他死後所畫邈眞像，〔註 17〕此窟是在張金炫去世之後才爲他修建的功德窟，石窟的修建年代必定在 832 年左右。

第 186 窟龕形制符閤第 1 組洞窟的特徵，即敞口龕，龕平面樣式又與第 3 組其它洞窟相同。南、北壁經變畫的構成形式與其它洞窟都不相同，經變畫的題材維摩詰經變和密教經變都僅見於第 4 組洞窟，南壁有吐蕃贊普及侍從像的維摩詰經變證實此窟爲 821 年之後修建的洞窟，後文對此將進行詳細論述。

第 3 組洞窟是正在發生變化過程的一組洞窟，早、晚因素在洞窟中都有不同程度的體現，它們的營建年代比第 1、2 組洞窟晚，但又比第 4、5 組洞窟早。

第 4、5 組洞窟數量較多，從窟龕形制到四壁壁畫佈局和繪畫題材都體現出強烈的規範性。第 4 組第 133、159、360、369、231、236、237 窟窟頂四披畫千佛，千佛中央畫說法圖。西壁盝頂龕中設馬蹄形佛床，龕內三壁畫屏

〔註 16〕敦煌研究院編：《敦煌莫高窟供養人題記》，文物出版社，1986 年，第 72 頁。
〔註 17〕鄭炳林著：《敦煌碑銘贊輯釋》，甘肅教育出版社，1992 年，第 206～208 頁。

風故事畫，南、北壁畫經變畫 2～3 鋪，經變下畫屏風故事畫。維摩變開始固定出現在東壁，門上畫佛國品，與門南、北兩側各品組成完整的畫面。第 4 組中有紀年的第 231 窟也提供了年代上的參考，這組洞窟的營建年代應該在吐蕃後期。

第 5 組洞窟窟龕形制與第 4 組洞窟相同，第 361 窟西壁盝頂龕龕口爲雙層，是莫高窟很少見的特殊形制。窟頂除東、南、北披畫千佛和說法圖之外，西披出現十方佛赴會。龕頂棋格方塊內出現了雁銜瓔珞聯珠圈紋。東壁門上畫供養人夫婦對坐像繼續流行，見於第 358、144 窟。吐蕃時期，密教觀音經變題材很流行，逐漸固定出現在東壁門兩側，而且如意輪觀音經變和不空絹索觀音經變、千手千眼觀音經變和千手千缽文殊經變形成了穩定的對應佈局關係。第 5 組洞窟壁畫呈現出的這些特徵是第 1、2 組洞窟中沒有的，再加上這些洞窟在龕形制、龕內及龕外、南、北壁壁畫構成形式和題材方面與第 4 組洞窟有很多相同的地方，可以確定這些洞窟營建的年代接近第 4 組，也是在吐蕃後期建成。

通過份析吐蕃窟的龕形制、壁畫構成形式的特點，對吐蕃後期營建的洞窟作出了大致的判斷，這是考證洞窟的部份工作。接下來要進行的是利用標型洞窟的壁畫特徵詳細考證吐蕃後期洞窟。

在佛教石窟分期斷代的研究中，保存了修建紀年的洞窟受到極大的關注，洞窟中呈現的時代特徵被提煉出來，爲判斷無紀年洞窟營建的年代提供了參考、比較的標準。目前，敦煌莫高窟吐蕃時期留存下來的補繪洞窟和新建洞窟，僅有第 231 窟和第 365 窟保存了建窟紀年，第 365 窟經宋、清重修，窟室內原有的壁畫被覆蓋、改繪，在目前的狀況下已經無法目睹吐蕃時期的繪畫面貌，只能憑藉 P.4640《吳僧統碑》中的記載瞭解窟內壁畫的內容，那麼這個面目全非的紀年洞窟已經不再具備作爲「標型窟」的條件。第 231 窟保存完好，它的修建年代和家族大窟的性質確定了它是吐蕃後期莫高窟重要的洞窟之一，它的窟龕形制、壁畫題材和佈局、繪畫風格等等都爲判斷吐蕃後期洞窟提供了最直接的參考，是吐蕃後期關鍵性的典型洞窟。然而，吐蕃窟的壁畫題材和構成形式不是單一的，而是複雜多樣的，僅僅憑藉第 231 窟爲標準的難以對所有的吐蕃後期洞窟進行判斷。除了第 231 窟之外，第 3、4、5 組中有的洞窟明顯具有典型性，具備吐蕃後期洞窟成熟化和規範性的特徵，它們同樣也可以爲判斷吐蕃後期洞窟提供參考標準。第 238、360、358 窟分別是第 3、4、5 組中保存情況較爲完好的洞窟，在窟龕形制、壁畫構成形式和題材方面有諸多吐蕃後期洞窟的相同特徵，又有各自的典型特點，在每組洞窟中具有充分的代表性。下節將以第 238、231、360、358 窟爲典型洞窟，通過份析窟室內經變畫的題材和畫面的局部細節特徵，總結吐蕃後期洞窟的特徵及判斷依據。

三、莫高窟吐蕃後期洞窟壁畫的特徵

窟龕形制、壁畫題材和構成形式爲判斷吐蕃後期洞窟提供了部份依據，還不夠全面，通過多角度的考察，對洞窟營建年代的判斷才能更爲準確。壁畫中具有時代性的局部細節特徵可以爲吐蕃後期洞窟的考證提供更爲詳實可靠的憑據，下文將以典型洞窟第 231、238、358、360 窟爲參考，具體討論吐蕃後期洞窟壁畫的細節特徵。

（一）穿著吐蕃服飾的人物

自古以來，中原漢文化就是敦煌邊地遵循的正統文化。在吐蕃人佔領敦煌之後，吐蕃民族的文化不斷向此地輸入，在當地產生了不小的影響，沙州民眾逐漸接受了吐蕃人的某些生活習俗、信仰觀念等等方面的內容。吐蕃人的影響首先在穿著服飾上體現出來，吐蕃窟中大量穿著吐蕃服飾的人物就是最好的證明，他們出現在經變畫和供養人行列中。

在許多經變畫中都出現了穿著吐蕃服飾的世俗人物，最突出的是維摩詰經變。維摩變是莫高窟流行時間較長的經變題材，在自隋至宋的洞窟中都可以見到。吐蕃時期，維摩詰經變各品的內容並沒有在前代的基礎上有所增減，但經變對不同品目的描繪內容和重視程度則與前代有明顯的差異，這些差異或許正是吐蕃統治下政治、文化環境改變的體現。此處需要特別關注的是經變中維摩詰下方的吐蕃贊普及侍從像。

畫有吐蕃贊普及侍從像的維摩變是辨認吐蕃窟最直接的證據。在考察收集的資料中，第 133、159、186、231、236、237、240、359、360 窟共畫有 9 鋪維摩變，第 186 窟畫在南壁，第 240 窟畫在西壁龕外兩側，其餘洞窟均畫在東壁（圖 11、12）。藏經洞出土絹畫 ch.00350 維摩變也是吐蕃時期的作品（圖 13）。每鋪經變中維摩詰示疾圖的下方都出現了吐蕃贊普及侍從像，模仿前代維摩變文殊下方的漢族帝王問疾圖，將吐蕃贊普和隨行侍從畫在了前來問疾、聽法的各國王子隊伍的最前面，與文殊下方的漢族帝王及隨從相對而行。第 231 窟東壁門北側畫維摩變，維摩詰下方是前來問疾的各國王子，贊普氣宇軒昂地走在人群前方，身材高大，頭戴朝霞冠，外繫紅抹額，身穿大翻領長袖藏袍，獨自站立於方毯之上。贊普前面有兩位腰配大刀的侍從引路，一位面對觀者，一位背對觀者，似乎正在夾道歡迎。贊普身後的侍從緊緊跟隨，或爲其持曲柄傘蓋，或手捧貢品，他們都穿著相同樣式的吐蕃服

圖 11　第 231 窟東壁維摩變贊普像

圖 12　第 159 窟東壁南側維摩變吐蕃贊普及侍從像

圖 13　藏經洞絹畫 ch.00350 維摩詰經變局部

裝。吐蕃侍從的身後是穿著不同民族服飾的各國王子和天龍八部等等，吐蕃贊普與眾不同的身份和地位在眾人的簇擁下突顯出來。其它 8 鋪維摩變以及絹畫 ch.00350 中贊普與侍從像的佈局、構圖方式都與第 231 窟相似，似乎是依據相同的稿本繪製。

吐蕃人進入敦煌之後，當地的世俗百姓和寺院僧人都以漢人居多，莫高窟石窟寺建造廣泛地採用了漢地的傳統形制，出資、參與修建石窟也是以漢人爲主，那麼，在什麼樣的情況下漢族百姓會接受吐蕃人的生活習俗，允許吐蕃贊普與侍從像進入到自己修建的石窟中，與漢族帝王及隨從像相對而行？一些學者在研究中已經對此問題進行了討論，史葦湘認爲吐蕃統治者對沙州人民施行了嚴厲的民族統治，其中一項政策是「令男婦兒辮髮易服」，「這些政治、經濟生活上的重大變革在石窟藝術中都有明顯的反映；男供養人普遍著吐蕃裝，《維摩詰經變》中站在聽法行列首位的是威嚴的吐蕃贊普……」這些內容是石窟藝術對現實生活的反映。〔註 18〕沙武田認爲吐蕃贊普像的題材與粉本進入到吐蕃窟中是「出於吐蕃統治者的特殊需要，是敦煌本地的人們在強制下的所作所爲」，「從一個側面展示了吐蕃統治時期的政治高壓與極端民族政策，否則佛教石窟藝術中的繪畫品不應有如此變化，因爲雖然其中有中原帝王將相圖，但其主體思想仍然是佛教內容，更何況作爲窟主與施主並作畫人的工匠們從內心深處一定不願作這種變動的，由此可見吐蕃統治敦煌時期在思想文化領域內的控制也至爲嚴密。」〔註 19〕兩位學者的觀點基本一致，都認爲繪製吐蕃贊普像是窟主迫於吐蕃統治者的威嚴而不得已的行爲。本文認爲此觀點有不妥之處，以下幾方面還有商榷的必要。

首先是吐蕃贊普與侍從像出現在的年代存在問題。在戰亂剛剛平息的吐蕃前期，吐蕃人以統治者的姿態進入敦煌，蕃漢民族關係極爲緊張。在吐蕃人的眼裏，漢族民眾是強悍的吐蕃人憑藉征戰贏來的被征服者。在這樣的境況下，圖繪有漢族帝王及群臣像的維摩變是吐蕃統治者不願意看到，也絕對不允許發生的事。對吐蕃統治者帶有強烈敵意的漢族民眾也難以輕易放棄奉唐王朝爲正朔的傳統，不斷地以激烈的反抗來對待吐蕃人的統治，在吐蕃

〔註 18〕史葦湘著：《敦煌歷史與莫高窟藝術研究》，甘肅教育出版社，2002 年，第 410 頁。

〔註 19〕沙武田：《吐蕃統治時期敦煌石窟供養人像考察》，載《中國藏學》2003 年第 2 期。

統治者的重壓之下將吐蕃贊普與侍從像畫入洞窟壁畫，成爲被供奉的對象實屬不可能發生的事。如果說窟主被迫將吐蕃贊普與侍從像畫入經變當中，就無法合理地解釋文殊下方依然保留的漢族帝王及群臣問疾的畫面，兩組人物被放置在同等的位置，設計成相對前行的樣式。在蕃漢雙方敵對情緒強烈的情形下，漢族民眾在吐蕃前期暫時放棄了繪製維摩變，這無疑是更爲妥當的做法。

吐蕃統治後期，蕃漢民族關係逐漸緩和，吐蕃贊普不斷地掀起興佛活動的浪潮，並且波及敦煌，在如此情形下，經變畫中出現吐蕃贊普與侍從像才成爲可能。序言中已經提及，9 世紀初以來，吐蕃改變了對敦煌的統治政策，拉攏世家大族、漢人高僧，利用他們來管理當地的漢族百姓，改變初期的部落編制，成立軍事部落，提高漢人的地位等等，致使蕃漢民族之間的緊張關係有所緩減。希望唐蕃之間通好，結束殘酷的戰爭，是吐蕃統治下的敦煌百姓心中懷抱的美好願望，他們在各類佛事文書、寫經題記中都表達了用心良苦的祈願。例如：

S.6315《願文》:「又將殊勝功德，最上福田，奉用莊嚴我當今神聖贊普，伏願永垂闡化，四海一家，……，使兩國還好，重圓舅生（甥），四方艾安，保無征戰。」

P.2255《祈福發願文》說「亦使峰（烽）飆不舉，萬里塵（澄）清；四鄰絕交諍之仇，兩國結舅生（甥）之好。我聖君之良願，其在茲焉！」

P.2237《印沙佛文》說「亦（願）四王八部威轉盛，福惠昭彰；興運慈悲，救人護國。使干戈永息，寇盜不興；天掃槍，地清氛霧。國家萬歲，天下太平；兩國通和，三邊永靜。四時順序，五稼豐登；災鄣（障）不生，萬人安樂。」〔註20〕

S.1963《金光明經卷第一》題記:「清信女弟子盧二娘，奉爲七代仙（先）亡見存眷屬，爲身陷在異番，敬寫《金光明經》一卷，惟願兩國通和，兵甲休息，應沒落之流欲達鄉井，□盧二娘同霑此福。」〔註21〕等等。

長慶元年（821）和長慶二年（822），唐蕃使者先後在長安西郊和拉薩大昭寺前會盟，並在大昭寺前立《唐蕃會盟碑》，達成「舅甥二主，商議社稷如

〔註20〕楊富學、李吉和輯校:《敦煌漢文吐蕃史料輯校》，甘肅人民出版社，1999 年。

〔註21〕王堯、陳踐編著:《敦煌吐蕃文書論文集》，四川民族出版社，1988 年，第 8 頁。

一」，「務令萬姓安泰，所思如一」，「彼此不爲寇敵，不舉兵革，不相侵謀」，「如斯樂業之恩垂於萬代，稱美之聲遍於日月所照矣」的盟誓。〔註 22〕這是唐蕃交往歷史上影響最爲久遠的一次會盟，平息了唐蕃之間時戰時和的混亂局面，兩地恢復了頻繁的文化交流和使節往來。赤祖德贊主張與唐結盟、追求和平的行爲滿足了漢族民眾的願望，無疑給吐蕃統治下的敦煌百姓帶來了心理上的寬慰，甚至影響了敦煌的石窟造像。

赤祖德贊是一位極度尊崇佛教的吐蕃贊普，被尊爲「三大法王」之一，他的興佛活動遠及敦煌。除了序言中已經提及的 P.3336《大般若波羅蜜多經》、S.3966《大乘經纂要義》、P.T.997 藏文寫卷《大乘無量壽經》的記載之外，《漢藏史籍》說赤祖德贊在位時，「在沙州的東贊地方、大海之中、鐵樹之上修建了千佛寺」。〔註 23〕由此可知，吐蕃王室與沙州的佛寺、寫經、造像活動有顯而易見的直接關係。崇仰佛教、與唐王朝通好的吐蕃贊普，在敦煌百姓的心裏獲得了一些認同感。敦煌漢藏文獻中有 70 餘號提及吐蕃贊普，僅從漢文文獻中就可以看到敦煌百姓對吐蕃贊普態度的轉變。漢文文獻 S.6315、P.2358、P.3256《願文》，P.2255《祈福發願文》、《設壇發願文》、《作佛事發願文》、P.2341《燃燈文》、P.2416《罷四季文》等等都是爲神聖贊普發願祈福的佛事文書，祈福對象還包括了節度使、宰相大論、都督、節兒等吐蕃官員。S.2146《罷四季文》是在春季季末舉辦的送舊迎新的儀式上誦讀的文章，「伏惟神聖贊普道邁義（羲）軒，功超堯舜，握圖邦曆，秉錄匡時，八表廓清，廣弘十善。家（加）以別崇妙福，特豎芳因；建四季道場，希萬機永古（固）。由是照自舟（丹）闕，遠令（合）敦煌，每歲修崇，恒爲長成（式）。」〔註 24〕文中用詞略顯誇張，將吐蕃贊普比作功超堯舜的帝王，卻是眞誠地表達了黎民百姓爲吐蕃贊普和敦煌祈福的心情。

在這樣的背景下，敦煌地區的蕃漢民族關係走向了較爲融洽的階段，在安定和諧的氛圍中，吐蕃窟中才有可能大量畫入吐蕃贊普與侍從像，一方面美化了吐蕃統治者，另一方面如同在願文中爲神聖贊普祈福一樣，是爲贊普陛下及其隨從祈求「功德圓滿，智慧完美。社稷建於祥和氣氛中，永固長安。從神聖贊普到黎民百姓在吉祥幸福中，實現最高權力的鞏固和教化的完

〔註 22〕王堯編著：《吐蕃金石錄》，文物出版社，1982 年，第 3～4 頁。
〔註 23〕陳慶英譯：《漢藏史集》，西藏人民出版社，1986 年，第 121～122 頁。
〔註 24〕楊富學、李吉和輯校：《敦煌漢文吐蕃史料輯校》，甘肅人民出版社，1999 年。

美。」〔註 25〕更爲重要的是，吐蕃贊普與侍從像和漢族帝王與群臣圖相對的畫面正是蕃漢結盟，兩大政權調和、互通友好的表現，這樣一幅完美、和諧的圖像是吐蕃統治者和敦煌民眾都希望看到的美好景象，是吐蕃人和漢人都能接受的畫面。

其次是維摩變的佈局與創新問題。畫面的佈局可以說是相當微妙，也是古代畫工的用心良苦。經變畫高度地強調了吐蕃贊普及侍從的形象，將他們放在突出、顯眼的位置，展現了吐蕃的強大，但是卻創造性的將他們繪製在維摩詰的下方，吐蕃贊普及其隨從始終與外來的少數民族首領和使臣爲伍。漢族帝王與群臣依然立於文殊的下方，文殊代表了佛法的正統，漢族帝王也代表王權的正統，這是漢人心中無法改變的信念，同時也將這種信念以及對唐王朝的思念以此方式隱含在經變畫當中。由此看來，敦煌信眾出資繪製維摩變並不是被迫的行爲，而是別具一格的表達方式，用石窟壁畫中的佛經變相既表達了佛教信仰的觀念，又寄託了對中原政權的深厚情感，以及對蕃漢和平的深切願望。848 年，吐蕃退出敦煌之後，歸義軍統治了敦煌，而且繼承中唐遺風，維摩信仰盛行，洞窟中繼續繪製維摩變，但是吐蕃贊普及侍從像回歸到「維摩示疾」圖下方異族番王的隊列中，不再佔據顯要位置，與其它少數民族享有同等的地位。歸義軍時期維摩變圖像的變化也反映出敦煌統治政權變遷的史實。

從這一觀點出發，我們也能很好地理解第 158 窟涅槃變吐蕃贊普和漢族帝王同時出現在舉哀弟子中的畫面（圖 14）。吐蕃贊普、漢族帝王都崇信佛教，他們因爲佛的涅槃而悲傷不已，與其它各國王子一同前來舉哀，這是畫面的表層意義。兩位帝王被並置在佛的足部一側，並無地位高下之分，這樣的畫面也只能是在唐蕃政權化干戈爲玉帛之後才能出現的，表現了唐蕃雙方甥舅相好的親近之禮，這是隱含在畫面中更深一層的意義。

在確定維摩變的繪製年代以後，可以推知，畫有維摩詰經變的 9 個吐蕃窟都應當是 821 年以後興建的洞窟，絹畫 ch.00350 的製作年代也相同。其中第 186 窟的情況比較特殊，西壁龕沿用了早期敞口龕的形制，龕內兩側壁畫弟子像。南壁畫維摩變、北壁畫密教經變一鋪，經變兩側無條幅式故事畫，下方無屏風故事畫，窟頂四披畫彌勒經變，東壁經五代重繪。此窟的龕形

〔註 25〕（英）F.W 托馬斯編著，劉忠，楊銘譯注：《敦煌西域古藏文社會歷史文獻》，民族出版社，2003 年，第 80 頁。

圖 14　第 158 窟涅槃變舉哀圖

制、龕內的壁畫題材以及南、北壁經變畫的構成形式具有較多早期洞窟的特徵，但是南、北壁沒有繪製單身尊像，南壁維摩詰經變是吐蕃後期的經變畫，北壁殘餘的密教經變與第 360 窟南壁釋迦曼荼羅非常相似，這些卻是吐蕃後期洞窟的特徵。窟龕形制並不是確定洞窟營建年代的絕對標準，石窟壁畫內容所反映的年代特徵卻是更爲有力的證據。從畫有吐蕃贊普與侍從像的維摩變可以確定，第 186 窟也是吐蕃後期的洞窟，它的建成年代可能比其它吐蕃後期洞窟早，所以前期和後期洞窟的特徵都在其中呈現出來。

吐蕃後期有 7 鋪維摩變被繪製在東壁門兩側，除了表達佛教信仰的主題之外，它們在洞窟中的位置，以及與西壁龕的對應關係其實已經關涉到洞窟的設計主題，將更深層的造窟主旨思想隱含在其中，這是後文將予以關注的問題。

再次是穿著吐蕃服飾的供養人像出現的年代問題。供養人像是洞窟中最能體現時代特徵的一類畫像，穿著吐蕃服飾的世俗供養人像無疑是吐蕃時期的作品。第 225 窟東壁門上和第 220 窟甬道南壁龕內有吐蕃裝束的供養人像

（圖 15），第 238、240 窟西壁龕下、359 西壁龕下和北壁經變下方、第 361 窟南壁經變下方都畫有穿著吐蕃裝的男供養人。吐蕃窟中的女供養人像都穿著唐裝。典型洞窟第 238 窟西壁龕下畫供器和供養人，畫面已經有些模糊，仍然可以辨認出龕下南側是向北而立的女供養人，北側是向南而立的男供養人。隊伍前面的男供養人形象高大，可能是窟主供養像，行列最後三身供養人像身材矮小，可能是侍從，他們全都穿著素色大翻領左衽吐蕃長袍，翻領鑲嵌不同顏色的邊緣，腰間繫帶。他們頭上應該還戴有吐蕃帽，目前已經無法辨認。在這個家族裏，從主人到侍從都穿上了吐蕃服飾，並和吐蕃人的風俗一樣，不分身份地位的尊卑貴賤，一律穿著相同樣式的藏袍，只是侍從服飾的用料及製作工藝不如主人的那般精緻而已。第 359 窟保存情況較好，北壁經變畫下方清楚地排列十六身穿吐蕃藏袍的供養人（圖 16）。他們戴相同樣式的朝霞冠，垂耳璫，穿翻領長袍，有的還配有雲肩，腰束帛帶，雙手合十，虔誠地面向佛龕站立。

圖 15　第 220 窟甬道南龕內西壁供養人像

圖 16　第 359 窟北壁男供養人像（局部）

吐蕃時期，在莫高窟開窟造像的窟主以漢人爲主，穿著吐蕃服飾的供養人也應該是漢人。在什麼樣的情況下漢人會將自己穿吐蕃服飾的像畫入洞窟中？這也是一個值得討論的問題。前輩學者已經提出了一些看法，史葦湘指出吐蕃窟裏「供養人畫兩種服裝，已經去世的『先父亡母』著唐裝，當時活著的人都著吐蕃裝」，是吐蕃對敦煌施行「易服辮髮」、「黥面紋身」和部落制等民族統治的體現；〔註 26〕沙武田認爲當時沙州老百姓對吐蕃風俗有厭惡之情，極不願意接受改唐裝而穿吐蕃裝的要求，洞窟中畫穿著吐蕃裝的男供養人實屬無奈之舉。〔註 27〕我們有必要再度審視這兩種說法。《新唐書・吐蕃傳》記載，「州人皆胡服臣虜，每歲時祀父祖，衣中國之服，號慟而藏之」〔註 28〕，有學者以此爲據，認爲在吐蕃的高壓統治下，敦煌百姓不得不穿上吐蕃服飾，只能借助在石窟壁畫中畫出穿唐裝的供養人像來表達對唐朝的思念，畫出穿著吐蕃裝的供養人像也是被迫的行爲。在本文看來，《新唐書・吐蕃傳》記載的情況是漢人心中不可更改的唐朝情結的表現。事實上，在敦煌百姓的激烈反抗之下，要求漢人穿著吐蕃裝的政策並未能繼續推行，吐蕃窟中穿漢裝的男、女供養人像就是當時社會狀況的反映，例如：第 197 窟西壁龕下榜題兩側各畫一列男供養人，北壁經變下方有男、女供養人及比丘像；第 200 窟門南、北側下方屏風畫內分別畫男、女供養人像；第 201 窟西壁龕下榜題兩側各畫男、女供養人一列，這些洞窟的建成年代都在吐蕃統治前期。還有一類穿漢裝的供養人像是第 144、231 窟東壁門上的供養人夫婦像，他們和龕下、經變畫下方的供養人像意義不同，是被窟主供奉或者表達祭祀意義的亡父母像，這類供養人像是吐蕃後期才出現的。吐蕃窟中尚未出現穿吐蕃裝的女供養人像。從莫高窟壁畫供養人像的服飾來看，漢人的服飾穿著在吐蕃統治時期還是有較大的自由度。

將穿著吐蕃服飾的供養人像畫入洞窟壁畫，與維摩詰經變中出現吐蕃贊普及侍從像的現象應該是一致的，兩種情況都只能是在敦煌蕃漢民族關係緩和的情況下才能發生。前文已有陳述，吐蕃統治者爲了穩固對敦煌的統治，安定民心，調整了統治政策，並力圖保持與唐王朝之間和平友好的往來關係，致使敦煌地區蕃漢民族關係趨於融洽，同時也減緩了漢族百姓對吐蕃人和吐蕃服飾的抵觸情緒。出錢開窟造像的窟主才會允許穿著吐蕃服飾的供養人像畫入洞窟壁畫，穿著漢裝和吐蕃裝的供養人同在一室之中，也是一種向吐蕃人表示友好的行爲，其間也寄託了窟主希望蕃漢兩國通好、平息戰爭的願望。

〔註 26〕史葦湘：《絲綢之路上的敦煌與莫高窟》，敦煌文物研究所編：《敦煌研究文集》，甘肅人民出版社，1982 年，第 74 頁。

〔註 27〕沙武田：《吐蕃統治時期敦煌石窟供養人畫像考察》，《中國藏學》2003 年第 2 期，第 80～93 頁。

〔註 28〕《新唐書・吐蕃傳》，卷 216 下。

穿著吐蕃裝的供養人像爲考察洞窟建成年代提供了證據，再次證明第238、240、359、361 窟的建成年代都在 821 年以後，第 225 和 220 窟補繪的穿著吐蕃裝的供養人像也應該是吐蕃後期的作品。

第 147 窟龕內的情況比較特殊。龕內西壁有屏風畫四扇，內側的兩扇分別畫近事女一身，她們的裝扮融合了蕃漢兩個民族的服飾特徵。頭梳花髻，是漢族侍女的髮式。髮髻上佩戴綠色珠子，是吐蕃風俗中流行的瑟瑟珠。兩位近事女略微側身相向，南側的婦女穿著翻領左衽重袖半臂短襦，腰束帛帶，下著長裙。北側的近事女穿長至膝蓋的左衽翻領上襦，下穿長褲，雙手捧著花朵（圖 17）。她們的服飾，特別是衣領部份，採用了吐蕃男裝衣領部份的樣式。第 147 窟窟龕形制、壁畫題材和構成形式與典型洞窟第 231、358、360 窟接近，再加上西壁龕內穿著吐蕃服飾的近事女，這些特徵可以糾正此窟是晚唐窟的判斷，它的營建年代和典型洞窟接近，應屬於吐蕃後期。

圖 17　第 147 窟龕內西壁近事女

在此想順帶討論一下榆林窟第 25 窟建窟年代的問題。榆林窟是吐蕃統治時期的佛教興盛之地，P.T.997 吐蕃文寫卷記錄了當時榆林寺擁有的寺戶、奴僕、牲畜、公產物品等，從側面反映了榆林寺的興盛狀況。〔註 29〕目前榆林窟遺存的吐蕃時期的洞窟僅有第 15 和 25 窟。第 25 窟壁畫精美，又融合了漢藏兩種風格，一直受到石窟藝術研究的重視，它的建窟年代存在爭議。筆者認爲可以利用莫高窟吐蕃後期的石窟壁畫的特徵對榆林窟第 25 窟的建窟年代進行考證。

對第 25 窟的修建年代學界存在兩種不同的看法。史葦湘根據洞窟南壁《觀無量壽經變》中「奔跑的老鼠」和壁畫的藝術風格判斷，認爲壁畫作於 784 年。〔註 30〕段文傑依據前室穿著吐蕃武士長甲的毗沙門天王像，主室北壁彌勒變中的藏文題記、婚禮圖中的吐蕃人形象，以及南北壁經變的內容、佈局、藝術風格都與莫高窟盛唐洞窟相同等證據，斷定第 25 窟興建於大曆十一年（776）至建中二年（781）之間。〔註 31〕沙武田沿用了以上觀點，認爲榆林窟第 25 窟修建於沙州陷蕃之前，是盛唐時期的吐蕃窟。〔註 32〕美國芝加哥大學凱普斯坦在對藏文寫卷 PT.16 和 IO.751 的研究中指出，寫卷中提到的會盟寺是爲了紀念吐蕃、唐、回鶻之間締結盟約而建，將文獻中的會盟寺比定爲榆林窟第 25 窟。三國會盟的時間在 821 年，第 25 窟修建的年代約在 9 世紀早期。在圖像程序和製作風格上，這一窟頗具漢藏宗教調和的風格，也是這兩個強大的政權之間調和的一個適合的紀念。〔註 33〕謝繼勝、黃維忠的論文《榆林窟第 25 窟壁畫題記釋讀》解讀了北壁彌勒變右下角的藏文題記，「曹氏幼弟施畫此鋪聖圖，此乃迴向『尚希』之功德，甚佳！」由此分析第 25 窟建造時間在 9 世紀上半葉。〔註 34〕對於這兩種觀點，筆者認爲榆林窟第 25 窟

〔註 29〕參見王堯、陳踐：《榆林寺廟產牒譯釋——P.T.997 號吐蕃文書寫卷研究》，載《敦煌古藏文文獻論文集》上冊，上海古籍出版社，2007 年。

〔註 30〕瓜州於大曆十一年（776）陷於吐蕃。史葦湘：《地方因素是研究佛教藝術的起點和基礎》，載史葦湘著：《敦煌歷史與莫高窟藝術研究》，甘肅教育出版社，2002 年。

〔註 31〕段文傑：《藏於幽谷的藝術明珠——榆林窟第 25 窟壁畫研究》，載敦煌研究院編：《敦煌石窟藝術・榆林窟第 25 窟附第 15 窟》，江蘇美術出版社，1993 年。

〔註 32〕參見沙武田著：《吐蕃統治時期敦煌石窟研究》，中國社會科學出版社，2013 年。

〔註 33〕（法）馬修・凱普斯坦：《（榆林窟）之會盟寺的比定與圖像》，載霍巍、李永憲主編：《西藏考古與藝術》，四川人民出版社，2004 年。

〔註 34〕謝繼勝、黃維忠：《榆林窟第 25 窟壁畫題記釋讀》，載《文物》2007 年第 4 期。

建成於 9 世紀上半葉的說法更爲恰當。除了藏文題記之外，北壁彌勒變中穿著吐蕃裝服飾的人物也進一步爲證實此說法提供了依據。

圖 18　榆林窟第 25 窟彌勒變婚禮圖

榆林窟第 25 窟北壁彌勒變中的婚禮圖是引人注目的一幅畫面（圖 18），婚禮上出現了三位穿著吐蕃服飾的人物，坐在桌邊的婦女、站在桌前的新娘和正跪地叩拜的新郎，畫面中前來參加婚禮的婦女和在一旁服務的侍女都是穿著漢裝。桌前正在端盞宴飲的男子頭戴透額羅軟腳襆頭，頭上有一頂小禮帽，穿圓領紅色袍服。他的裝扮也融合了漢裝和吐蕃裝兩種樣式，大翻領樣式的長袍是吐蕃族最具有代表性的民族服裝，莫高窟吐蕃時期的壁畫中吐蕃贊普及侍從和男供養人像都穿著相同樣式的袍服。在吐蕃習俗中，吐蕃男子和女子可以穿著相同樣式的服飾。大翻領的藏袍在吐蕃女子中也很流行，青海郭里木出土的棺板彩畫中就有數身穿著大翻領藏袍、髮上繫頭巾的女子。婚禮圖中女子的吐蕃長袍和第 147 窟龕內近事女的服飾也有些類似。這些穿著吐蕃服飾的人物，應該是屬於同一圖像體系。前文已經談到，莫高窟穿著吐蕃服飾的人物出現在 821 年以後，吐蕃統治者轉變了對敦煌的統治政策以及與唐朝通好的舉動，緩和了敦煌地區蕃漢民族之間的關係，莫高窟才有可能出現在漢人興建的洞窟中畫出穿著吐蕃服飾的人物。這幅婚禮圖表現的是蕃漢民族相聚一堂，共慶良緣的喜慶畫面，正是蕃漢民族關係融洽的眞實寫照。謝繼勝、黃維忠釋讀的第 25 窟北壁藏文題記說明此鋪經變是曹姓的漢人爲藏人祈願而作的功德，在瓜州被吐蕃人佔領初期，蕃漢民族之間的關係是征服者和被征服者的關係，漢人以繪製經變畫的方式來爲藏人祈福的事件無論如何也不可能發生在剛剛被異族佔領的地方。雖然瓜州被吐蕃統治的時間比沙州早十年，但是吐蕃人對瓜沙兩地的統治政策是相同的，兩地的社會環境、生活狀況、

習俗等等也應該是同步的，那麼這樣一幅民族融合的歡樂情景、題寫藏文題記來表達對吐蕃人的祝福和祈願，其出現的時間應該和莫高窟繪製穿著吐蕃服飾的人物同步，是在 821 年以後。

（二）報恩經變龕內屏風畫

報恩經變最早出現在盛唐第 31 和 148 窟，到吐蕃時期，報恩經變數量增多，大都畫在洞窟主室南壁或北壁，經變的內容比唐前期更豐富。受到南、北壁經變畫題材的影響，龕內屏風畫也出現了報恩經變的內容，第 231 龕內西壁屏風畫、第 238 窟龕內西壁、南壁屏風畫均畫惡友品善事太子入海故事畫。第 147、236、237 窟窟龕形制與壁畫構成形式接近第 358 和第 231、360 窟，龕內屏風畫與第 231、238 窟相似，第 147 窟西壁外側兩扇畫論議品，南、北壁各三扇，畫孝養品和惡友品，第 236 窟龕內三壁畫報恩經變論議品、孝養品、惡友品，第 237 窟龕內西壁、南壁屏風畫報恩經惡友品故事畫。龕內屏風畫報恩經變，在吐蕃前期和晚唐洞窟中都未曾出現，也是吐蕃後期洞窟獨有的特徵之一。第 147、236、237 窟龕內的情況與典型洞窟 231、238 窟相似。

《報恩經》宣揚上報佛恩，中報君親恩，下報眾生恩的思想，在吐蕃時期很受重視。《報恩經》也早已流傳至吐蕃，《賢者喜宴》記載桑耶寺的佛殿中畫有《報恩經》圖，不知與莫高窟報恩經變是否屬於同一類經變圖像。〔註 35〕莫高窟流行報恩經變，經品中表現孝行的故事受到信眾喜愛。龕內屏風畫報恩經變，作爲龕內塑像的背景或補充，其主要的意義是爲了報答佛恩。尤其是第 147 窟，龕內西壁畫近事女兩身，其形象、姿態、神情與女供養人不同，是穿著吐蕃人服飾的勞動婦女，是爲主尊服務的侍女。近事女不屬於經變畫，但是卻成爲了西壁龕內壁畫的一部份，成爲爲主尊服務的脅侍人物，和報恩經變故事畫一起圍繞主尊，共同傳達著報答佛恩的願望。

（三）文殊變和普賢變

西壁龕外兩側畫有背景山水和眾多脅侍人物的文殊、普賢變是吐蕃後期洞窟的另一特徵。文殊騎獅、普賢騎象圖像在初、盛唐洞窟中可以見到，它們有時出現在西壁龕外兩側，如初唐第 331 窟，畫面中除了騎獅文殊和騎象

〔註 35〕參見巴臥·祖拉陳哇著，黃顥譯：《賢者喜宴》摘譯（七），載《西藏民族學院學報》1982 年第 2 期。

普賢的側面像之外，還有一身脅侍菩薩跟隨其後。盛唐晚期第 148 窟南、北壁東側分別畫文殊騎獅和普賢騎象的正面像，以及馭獅、象的崑崙奴。唐龍朔二年（662）建成的第 220 窟龕外南、北側畫騎獅文殊和騎象普賢作相向行進狀，畫面中出現了陪伴左右的脅侍菩薩和天女。盛唐第 172 窟南、北壁的文殊、普賢像更加精彩，文殊、普賢前後出現了眾多脅侍人物，菩薩、天女、帝釋梵天、天龍八部等等，畫面上方畫出雲霧繚繞的山巒爲背景，表現出一群人物飄然前行的動態。吐蕃前期，補繪洞窟中延續著初、盛唐時期文殊、普賢像的圖像樣式。第 205 窟西壁南、北側上方分別補繪了一鋪文殊、普賢像，主尊爲正面，獅、象旁有一身脅侍菩薩。第 202 窟龕外南、北側分別畫行進中的文殊、普賢像，主尊爲側面，前後有四身脅侍人物。第 112 窟是吐蕃前期最精彩的洞窟之一，西壁龕外兩側演變爲畫面中有眾多人物的文殊、普賢變。文殊騎獅、普賢騎象向龕內相向而行，文殊、普賢均爲四分之三側面，脅侍菩薩、帝釋天、天王、力士、崑崙奴等陪伴左右。眾天人的腳下雲霧圍繞，幡幢在高處搖曳，菩薩華蓋的兩側畫有背景山水，山巒起伏，樹木蔥鬱，白雲在山間流動。龕外南、北側設置的天王像臺側壁上還畫有五臺山圖，山間修建有寶塔，有信眾正在跪拜，有信眾騎驢或步行在小路上，前往山中寺塔進香。〔註 36〕很明顯，第 112 窟文殊、普賢變是從初、盛唐圖像樣式演變而來，在經變中增加了背景山水，經變下方還畫出了五臺山圖。畫有背景山水和眾多脅侍人物的文殊、普賢變在此後的吐蕃窟中盛行一時，除了典型洞窟第 231、238、358、360 窟之外，第 141、144、145、147、159、236、237、359、468 窟西壁龕外兩側都有相同圖像樣式的文殊、普賢變。第 231 窟龕外兩側的文殊、普賢變繪製精美，經變上方分別有榜題「大聖文殊師利像一鋪」、「大聖普賢菩薩像一鋪」。主尊四周有二十餘身脅侍人物，畫面上部份別畫文殊道場五臺山和普賢道場峨嵋山爲背景，既有平緩的坡地，又有高聳的山峰，近處有挺拔的參天大樹，遠處樹林密集，呈現出一幅令人嚮往的山水風景（圖 19）。第 159、237、361 窟西壁龕外還繪製了文殊化現和普賢化現屏風畫。

唐朝初年，五臺山被公認爲文殊菩薩的道場，唐王朝的統治者也極力推崇五臺山，唐太宗曾說「五臺山者，文殊閟宅，萬聖幽棲，境繫太原，實爲

〔註 36〕見《敦煌石窟藝術・莫高窟第 112 窟》，江蘇美術出版社，1998 年。圖 49、50。

圖 19　第 231 窟西壁龕外南側普賢變、北側文殊變

我祖宗植德之所，切宜神祇畏。」〔註 37〕武則天敕建清涼寺和鐵塔也直接推動了五臺山文殊信仰的形成與流佈。在敦煌，石窟壁畫和藏經洞出土的文書都反映出中原五臺山文殊信仰傳入敦煌地區的事實。

吐蕃時期，敦煌莫高窟盛行畫有五臺山圖為背景的文殊變或五臺山化現圖，除了有唐前期來自中原的影響之外，更為重要的是與吐蕃人的五臺山信仰有直接的關係。信仰佛教的吐蕃人以自己的方式和途徑向漢地、印度、于闐等佛教信仰國家吸取眞經，漢地的五臺山也是他們嚮往的聖地。在松贊干布時期，國王、后妃和大臣們積極致力於修建佛寺，倡導佛教信仰，「為了漢地邊卡哨所，而獻了（書信），同時，為了確使漢地之王允諾，遂在直至漢地五臺山之間依次修建寺院（神殿）一百零八座，以使漢地弘揚佛教」。〔註 38〕據說此次修建佛寺的行為取得了文成公主的同意。雖然文獻中的記載有些故事化，但是表達出五臺山在信仰佛教的吐蕃人心中的地位。赤德祖贊公元 704～755 年在位，吐蕃使者在此期間第一次朝聖五臺山，此時赤松德贊正年幼，

〔註 37〕轉引自（清）覺羅石麟撰：《山西通志》卷 171，文淵閣《四庫全書》本。

〔註 38〕巴臥・祖拉陳哇著，黃顥譯：《賢者喜宴》摘譯（三），《西藏民族學院學報（哲學社會科學版）》1981 年第 2 期，第 29 頁。

爲了滿足他喜歡十善佛法的願望，「國王便派桑喜和另外四人作爲使臣攜帶信函，到中原去求取漢族經典」。五位使臣在取得佛經返回吐蕃的途中，得知佛法在吐蕃遭遇奸臣毀壞，眞桑佛堂也被拆毀。「爲了將重修佛寺，五位使臣便到五臺山聖文殊菩薩的佛殿去求取圖樣」，但只有桑喜一人有緣進入佛殿，向文殊菩薩等神像行禮，並取得圖樣返回吐蕃。〔註 39〕當時佛教在吐蕃還沒有取得主導地位，與本土宗教的鬥爭很激烈，佛教徒對五臺山的敬仰之情流露無疑，以至於赤祖德贊在位期間再次派遣使者前往五臺山。《舊唐書‧吐蕃傳》記載唐穆宗長慶四年（824 年）吐蕃遣使求《五臺山圖》，這是繼唐蕃會盟之後，吐蕃政權與唐王朝之間友好往來的又一次著名事件，〔註 40〕給敦煌莫高窟帶來了最爲直接的影響。姜亮夫著《莫高窟年表》唐敬宗寶曆元年（825）下有「吐蕃求《五臺山圖》」條，注曰：「按《五臺山圖》殘本，據余所見，至少有五本，且皆中唐以後所繪，則與吐蕃之求或有關聯，故著之。」〔註 41〕從這條記載可以得知，在敦煌文書中也有《五臺山圖》，有可能就是據吐蕃人求取的圖本繪製，第 159、237、361 窟西壁龕外文殊化現屏風畫極有可能與此圖本有關係。吐蕃使者前往五臺山，不但傳播了《五臺山圖》而且直接促成了吐蕃後期五臺山文殊信仰的流行，致使以五臺山爲背景、有眾多脅侍人物的文殊變成爲吐蕃後期西壁龕外固定繪製的題材，並隨之出現了與文殊變相對應的、圖像樣式雷同的普賢變。在此五臺山崇拜除了佛教信仰的意義之外，其間也暗含了對唐蕃友好往來關係的肯定與讚揚，只不過不如維摩變的表達那樣直接。

（四）密教菩薩經變

從實地收集的洞窟資料可以看到，已考察的吐蕃前期洞窟中僅第 197 窟東壁門北側畫一鋪如意輪觀音經變，與之相對應的門南側畫觀音像一身，其餘密教菩薩經變主要出現在補繪洞窟和後期新建洞窟中。吐蕃時期補繪密教菩薩經變的洞窟有 5 個，受到洞窟剩餘壁面的限制，在洞窟中補繪經變的位置較爲隨意。〔註 42〕第 176 窟東壁門上補繪如意輪觀音經變和千手千眼觀音

〔註 39〕拔塞囊著，佟錦華、黃布凡譯注：《拔協》，四川民族出版社，1990 年，第 6～8 頁。

〔註 40〕《舊唐書‧吐蕃傳》卷 196。

〔註 41〕姜亮夫著：《姜亮夫全集十一‧莫高窟年表》，雲南人民出版社，2002 年，第 368 頁。

〔註 42〕吐蕃時期的補繪洞窟參考：鄭炳林、沙武田編著：《敦煌石窟藝術概論》，第

經變各一鋪，觀音爲坐姿（圖 20、21）。第 115 窟北壁補繪千手千眼觀音經變一鋪，觀音爲立像，繪畫技法與第 176 窟相似，三鋪經變中的脅侍人物都很少。從圖像樣式、繪畫風格及色彩暈染看，三鋪經變繪製的年代相近。第 117、129 窟東壁門兩側、第 384 窟南、北壁龕外東側分別補繪如意輪觀音變和不空絹索觀音變一鋪，如意輪觀音和不空絹索觀音已經形成對應佈局的關係，經變中的脅侍人物也豐富起來。補繪洞窟中的情況很複雜，大多經多個朝代補繪、重修，難以根據經變畫本身的色彩或者繪畫風格判斷繪製的大致年代。例如第 176 和 115 窟的千手千眼觀音經變，就圖像樣式來說，它們與盛唐時期、吐蕃後期的密教菩薩經變是一脈相承的。從繪畫技法看完全是技藝純熟的畫工所爲，對線條有很強的駕馭能力，就繪畫技藝來說絲毫不比新建洞窟中的密教菩薩經變遜色。僅僅憑藉設色單調、構圖簡潔來判斷補繪洞窟均爲吐蕃前期所繪缺乏足夠的說服力。〔註 43〕

圖 20　第 176 窟
東壁門上千手觀音經變

圖 21　第 176 窟
東壁門上如意輪觀音變

九章「莫高窟『盛唐未完工、中唐補繪』洞窟研究」部份，甘肅文化出版社，2005 年。敦煌研究院編：《敦煌石窟內容總錄》，文物出版社，1996 年。

〔註 43〕樊錦詩、趙青蘭：《吐蕃佔領時期莫高窟洞窟的分期研究》和鄭炳林、沙武田編著：《敦煌石窟藝術概論》，第九章「莫高窟『盛唐未完工、中唐補繪』洞窟研究」中均認爲中唐補繪洞窟是吐蕃前期的造像行爲。

在吐蕃後期洞窟中，密教菩薩經變的突出特徵首先體現在洞窟壁面的位置，它們出現在主室東壁門兩側或門上，數量僅次於維摩詰經變，第 144、145、147、158、232、358、361 窟東壁都畫密教菩薩經變，其次是題材對應關係的形成，如意輪觀音經變和不空絹索觀音經變、千手千眼觀音經變和千手千缽文殊變對應配置關係也固定下來。

武則天時期，受中原密教觀音信仰和造像活動的影響，密教菩薩像開始在莫高窟出現，到盛唐末期，完備的密教觀音圖像已經傳到敦煌。吐蕃時期，密教菩薩經變不但數量增多，而且題材也有增加，這些經變是否完全延續了唐前期的圖像樣式，還是出現了由吐蕃本土傳播而來的新樣式？密教觀音因爲擁有不同的咒語而出現了多種變化身，不同的觀音尊像四周的部份脅侍人物卻逐漸固定，例如日、月光菩薩、天王、功德天和婆藪仙等等，並不因爲主尊不同而有改變，這些脅侍人物在密教菩薩信仰中起著什麼樣的作用？這些問題都値得予以關注。此處需要討論的是密教菩薩經變中的日光、月光菩薩的形象，其圖像樣式的來源有助於考察壁畫的製作年代。

吐蕃時期的密教觀音經變脅侍人物日光和月光菩薩出現了四種樣式。第一種是雙手持蓮花的菩薩。盛唐第 148 窟北壁不空絹索觀音龕內的日光、月光菩薩雙手各持一朵蓮花結跏趺坐於蓮臺上，菩薩、帛巾、蓮臺及蓮花均爲浮塑的高浮雕，象徵日輪或月輪的背光則圖繪在牆壁上。吐蕃時期的日光、月光菩薩不再採用雕塑和繪畫結合的方式表現，而是直接畫在經變上方菩薩頭頂華蓋的兩側，雙手於胸前持蓮花的樣式仍然存在（圖 22 ①），見於第 129、147 窟不空絹索觀音變，第 147 窟如意輪觀音變。第二種樣式與前者類

圖 22

①第 147 窟日光菩薩

②第 144 窟日光菩薩

③第 144 窟月光菩薩

似，只是菩薩雙手結印，未持有蓮花。日光菩薩身後畫紅色圓輪，代表太陽，月光菩薩身後畫白色圓輪，代表月亮。此樣式見於第 129 窟千手觀音變、第 232 窟如意輪觀音變、不空絹索觀音變。第三種樣式較為特別，圖 22②③菩薩的形象與前兩種樣式並沒有差異，不同之處在於日光菩薩結跏趺坐於五馬背上，月光菩薩結跏趺坐於五鵝背上，他們身後分別畫有紅色的日輪和白色的月輪。第 144、361 窟千手觀音變、千缽文殊變保存的圖像最為清晰。第四種樣式僅見於第 145 窟，東壁門兩側的密教觀音經變畫紅日和銀月代替了日、月光菩薩，門北側如意輪觀音經變的銀月中還畫出了月牙和月桂樹。

圖 23　克孜爾第 23 窟月天

日光菩薩和月光菩薩又名日天和月天，曾在莫高窟北朝洞窟中出現，第 285 窟西壁龕南北側上部相對的位置畫日天、月天和諸天星辰，菩薩裝的日天坐馬車，兩匹馬相背奔馳，月天坐鵝車，兩隻天鵝相背飛翔。相似的日、月天形象也出現在其它地區的石窟造像中。巴米揚石窟第 111 窟北壁龕外兩側上角畫有乘四馬車的太陽神和乘四天鵝車的月神，四天鵝也是兩兩相背。新疆庫木吐喇石窟窟群區第 23、31、46 窟主室券頂中脊都繪有天相圖，菩薩形象的日、月天交腳坐在雙輪車上，背後伸出像翅膀一樣的三角形披巾（圖 23）。庫木吐喇第 58 窟窟頂中脊日、月天坐雙輪車，車輪兩旁各有一匹背道而馳的馬，和新疆克孜爾石窟第 17 窟窟頂日天的形象相同。在印度神話裏，被人稱頌的日神蘇里耶是乘著一輛七匹馬的金色馬車在天空中自由地由東向西奔馳。這些日、月天都位於窟頂或者龕外上部，他們象徵著白天與黑夜的交替。「總而言之，這是天體表現的新形式，把自然人格化、神化。這在印度神話中有悠久的傳統。」〔註 44〕

〔註 44〕段文傑：《中西藝術的交匯點——莫高窟第 285 窟》，《1994 年敦煌學國際研討會論文集・石窟藝術卷》，甘肅民族出版社，2000 年，第 58 頁。

日天的形象又與祆教崇拜的太陽神密特拉相似，祆教經典記述「強大的密特拉／乘著他的輕捷的飾寶金車／離開光明的家山／四匹白色駿馬拉著此車……」〔註 45〕法國學者葛樂耐（F. Grenet）指出巴米揚佛龕中的圖像就來自祆教，是 7 世紀的時期的作品。張元林《論莫高窟第 185 窟日天圖像的粟特藝術源流》一文分析了印度太陽神與祆教太陽神形象上的差異，指出第 285 窟「日天」形象的圖像來源是祆教的太陽神密特拉，此圖像很可能是粟特人帶到敦煌的（圖 24）。〔註 46〕吐蕃入侵西域和統治敦煌之後，在其轄地內仍然有粟特人聚居，吐蕃人接觸到粟特人的文化藝術已是不可爭辯的事實，屬於粟特文化系統的頸束綬帶的立雁圖案就受到吐蕃人的喜愛。因此密教菩薩經變中出現騎鵝和騎馬的日光、月光菩薩，可能與祆教太陽神密特拉有些淵源關係，而且極有可能是由吐蕃人傳播而來，它們能夠進入石窟壁畫的年代已在吐蕃統治敦煌後期。然而圖像在傳播中，在進入到另一種宗教圖像的過程中已經發生了變化，日天和月天成爲了密教菩薩的眷屬，他們的坐騎變成了 5 匹馬和 5 隻鵝，他們擁有了新的身份和被供奉的新意義。

圖 24　第 285 窟西壁龕上日天

日輪和銀月圖案在敦煌壁畫常常見到，但是以日輪和月輪代表密教觀音經變中的日、月光菩薩在吐蕃窟中實屬罕見。和其它民族一樣，太陽和月亮是吐蕃民族生活中重要的聖物，被當作有生命的東西來崇拜，在一些地區的藏民中間仍然流傳著古老的關於太陽的問答歌，例如「太陽給人以溫暖和光明，月亮在昏夜有如明燈，都使人產生崇敬的心理」。〔註 47〕日月圖像是早期西藏岩畫藝術中流行的題材，藏西革吉鹽湖岩畫、日土縣拉卓章岩畫、藏北

〔註 45〕此文出自祆教經典：《阿維斯陀·耶什特》X，第 124～125 行，轉引自姜伯勤著：《中國祆教藝術史研究》，三聯書店，2004 年，第 5 頁。

〔註 46〕張元林：《論莫高窟第 285 窟日天圖像的粟特藝術源流》，載《敦煌學輯刊》2007 年第 3 期。

〔註 47〕王堯著：《吐蕃文化》，吉林教育出版社，1989 年，第五章。

多其山岩畫中都留下了藏族先民刻畫的日月圖像，與鳥、樹木、雍仲以及犛牛等圖案組合，表達著他們對日月的崇拜和早期的宗教習俗。還有一處日月圖像引人注目，瓊結藏王墓地赤德松贊墓碑碑帽的祥雲圖案中，浮雕有日月圖案。太陽爲雙層圓環，圓環間有三角狀的光芒，月亮的圓環內的弧線畫出一彎月牙，和第 145 窟東壁北側的月牙相同。霍巍認爲此處的日月圖案可能與佛教有些關係。「佛教傳入西藏後，這種以日月圖案爲主題的紋飾也被佛教吸收，在一些佛教藝術作品中時常出現，至今依然如此。從某種意義上來說，這種日月並輝共存的裝飾紋樣，體現著西藏高原古代藝術中一種具有『永恒不變』意味的主題，其流行的時代、空間範圍都是非常廣泛的。筆者認爲，反映在赤德松贊墓碑上的這些日月圖案，很有可能體現出的是一種帶有佛教色彩的本教文化，蘊含著西藏獨特的宗教意義在內。」〔註 48〕此觀點頗有意義，無論是岩畫還是墓碑上的日月圖案都代表了宇宙中的日月，它們是有生命的聖物，是恒久不變的象徵。唐蕃會盟碑上也雕刻有日月圖案，如會盟碑上的文字表達的意義一樣，「然三寶及諸賢聖日月星辰，請爲知證如此盟約」，請日月共同見證此重要的歷史時刻。〔註 49〕P.T.134 是爲贊普吾東丹修福田的藏文發願文，文中表達了希望佛法昌盛的願望，「或日月存在之時，妙法不衰、永住，遂成眾生福澤之根本」。〔註 50〕漢文發願文 P.2255、P.2326、P.2358 等都有「光臨日月」、「明齊日月」等文字，以日月喻神聖贊普之功德。這些圖像或文獻都將日月的永恒意義與佛教信仰融匯在了一起。吐蕃民族的日月崇拜可能在敦煌產生了的影響，再加上敦煌莫高窟的壁畫中早就有紅色的日輪和銀月圖案，致使日輪和月輪圖案進入到密教菩薩經變中，替代了有生命的天的形象，實際上就是把二者等同起來。以日輪和月輪圖案代表日光、月光菩薩的現象在吐蕃窟中並不常見，它們出現的年代應該在吐蕃文化影響較爲濃厚的吐蕃後期。

（五）經變畫中的脅侍菩薩新樣式

經變畫中的脅侍菩薩在此均指主尊兩側的上首菩薩。圖 25 是第 158 窟東壁門南側天請問經變中主尊右側的脅侍菩薩，他頭戴寶珠和花朵組成的天

〔註 48〕霍巍著：《西藏古代墓葬制度史》，四川人民出版社，1995 年，第 149 頁。

〔註 49〕王堯編著：《吐蕃金石錄》，文物出版社，1982 年，第 4 頁。

〔註 50〕黃維忠著：《8～9 世紀藏文發願文研究——以敦煌藏文發願文文中心》，民族出版社，2007 年，第 95 頁。

冠，天冠兩側有筒鈴一般的裝飾物，筒鈴後面是飄動的短頭巾。項飾瓔珞，手腕、足腕戴釧。他的雙肩不寬，天衣從雙肩順勢披下，內衣及下身穿著的裙將菩薩的身體包裹起來，沒有顯露出菩薩的身材，除了前胸裝飾瓔珞處幾乎沒有肌膚袒露在外。菩薩身姿挺直端坐於蓮臺上，整體形象莊重、謙和。這種保守的裝扮是繼承盛唐時期的菩薩形象而來，是漢傳佛教造像中的菩薩形象，在吐蕃時期的經變畫中一直大量繪製。同時期的經變畫中還出現了具有外來風格的菩薩形象，主尊兩側的脅侍菩薩最爲突出。第 231 窟南壁法華變、第 358 南壁彌勒變、第 360 窟東壁門上維摩詰經變佛國品、第 361 窟北壁藥師變以及第 159 窟北壁天請問經變中都出現了新的菩薩形象。第 159 窟北壁天請問經變的脅侍菩薩具有代表性，菩薩頭戴寶珠等物組成的「山」字形天冠，頭後有水波紋圓形頭光，捲曲的頭髮披在雙肩，胸前除了配飾呈「X」形狀的瓔珞之外，還有華麗的珠串組成的禪思帶，上身無天衣，僅有一塊披巾繞過前胸，雙肩圓實、腰身纖細，上身肌膚大部份袒露在外（圖 26）。帛巾從背後繞向手腕，在身體兩側舞動。菩薩結跏趺坐於蓮臺上，頭和雙肩略微向主尊一側傾斜，身體隨著頭和肩的傾斜而有擺動之勢。這一類菩薩的

圖 25　第 158 窟天請問經變菩薩

圖 26　第 159 窟
北壁天請問經變菩薩

突出特點就在於他的動態，擺動的頭部、扭動的腰身、舞動的帛巾將他從統一的畫面中凸顯出來，肌膚的暈染強調立體感，與漢傳佛教造像傳統中的菩薩形象明顯不同。也就是說，經變畫中漢傳佛教的菩薩形象和新樣式的菩薩形象並存。

類似形象的菩薩還出現在第 133、141、145、147、232、369 窟經變畫中。第 133 窟南壁大部份已經損毀，東側的彌勒變殘餘下方兩會的局部畫面，兩會中各有一身肩寬腰細、戴「山」字冠的菩薩最爲突出（圖 27）。第 232 窟西壁龕外兩側的文殊與普賢也畫成了戴「山」字冠的新菩薩形象。第 141 窟東壁門南側天請問經變、南壁報恩經變和北壁彌勒經變等等都有戴「山」字冠的脅侍菩薩。天請問經變交替錯落地繪製了新樣式菩薩和漢傳菩薩兩種人物形象，主尊兩側的脅侍菩薩身披對稱上揚的帛巾，並以明度不同的兩種同類色去表現帛巾的立體結構，以產生盈盈舞動之感。第 145 和 147 窟金剛經變中出現了持金剛杵的脅侍菩薩。第 145 窟南壁金剛經變的脅侍菩薩極爲精彩，主尊右側的菩薩左手舉金剛杵，右手放在左腿上，頭和雙肩更明顯地向主尊一側傾斜，繞過手臂的帛巾在身體兩側舞動。主尊左側菩薩右手持劍，姿態與右側菩薩對應。經變中主尊及其它脅侍人物都處於靜態的姿勢，兩位脅侍菩薩和法會前正在舞蹈的伎樂菩薩形成一個三角形的動態關係，帶來視

圖 27　第 133 窟南壁彌勒變菩薩草圖（陳粟裕繪）

覺上的穩定感。第 369 窟金剛經變主尊兩側是兩身手持蓮花，姿態嫵媚的菩薩，彩條紋馬蹄形頭光、「山」字形頭冠、扭動的腰身，胸前的瓔珞裝飾、禪思帶和下身的褲裝都昭示著他們的與眾不同（圖 28）。

脅侍菩薩的頭光通常爲圓形，有的經變中出現了馬蹄形頭光，如第 231 窟北壁華嚴變、南壁觀無量壽經變（圖 29）、第 369 窟金剛經變，菩薩的頭光由不同顏色的彩條紋組成，頭光的最外層呈桃尖形，第 231 窟北壁華嚴經變主尊的頭光也畫成了馬蹄形。

圖 28　第 369 窟金剛經變脅侍菩薩

圖 29　第 231 窟南壁觀無量壽經變局部

新樣式的菩薩形象明顯不是來自中原漢地，而是因爲吐蕃人的到來而進入到莫高窟經變畫當中。敦煌藏經洞出土的同時期的絹畫爲考察新的菩薩形象出現的時間和來源提供了線索。Ch.xxxvii.004 是 836 年的作品，絹畫的下半部份已經殘缺，在保存完好的上半部份中可以看到，它同樣採用了外來菩薩形象與漢傳佛像相結合的表現方式（圖 30）。主尊藥師佛和前來赴會的文殊、普賢是漢傳佛教造像的風格，藥師佛兩側的菩薩形象明顯有異。法國學者海瑟・噶爾美辯讀並譯出了畫面中央的藏文榜題，「龍年，我、僧人白央爲身體健康和作迴向功德（？）（利益所有眾生）而創作下列組畫：藥師佛、普賢菩薩、妙吉祥王子、千手千眼觀世音菩薩、如意轉輪王、迴向轉輪王等佛像。」〔註 51〕並且推測吐蕃僧人白央參與了此幅絹畫的創作，白央有可能是一位「既精通漢族或中亞——漢族藝風格，又精通藏族——尼泊爾藝術風格的藝術家」。〔註 52〕由此推知，雖然不能肯定有來自吐蕃的畫工參與到石窟壁

圖 30　藏經洞絹畫 Ch.xxxvii.004

〔註 51〕（法）海瑟・噶爾美著，熊文彬譯：《早期藏漢藝術》，河北教育出版社，2001 年，第 30 頁。

〔註 52〕（法）海瑟・噶爾美著，熊文彬譯：《早期藏漢藝術》，河北教育出版社，2001 年，第 34 頁。

畫的繪製活動中，但可以確定的是由吐蕃人將自己喜好的佛教人物形象帶到了敦煌。美國學者保羅・尼普斯基的研究成果也可以支持此說法，他曾經指出，「7～9 世紀在吐蕃統治的地區，包括敦煌，一個新的文化特徵、新的政治結構和新的知識、宗教制度出現了。」〔註 53〕並且推測「敦煌的和吐蕃本土的吐蕃人通過兩條絲路——一條是印度和尼泊爾，後者可能有些吐蕃控制區，另一條是中亞和敦煌，吸收宗教和藝術的養分。兩條路均爲印度後笈多新的、過渡的藝術風格傳播的渠道。這種風格後來在形形色色、多種文化的吐蕃統治地區有更多的發展。……這些發生在敦煌、吐蕃本土之間的藝術、宗教和文化的融合，因墀松德贊和繼其後他的兒子熱巴堅的統治時期，繼續與唐交好而成爲可能。」〔註 54〕保羅的觀點是正確的，在吐蕃統治下，敦煌的文化環境、政治結構以及宗教信仰方面都發生了變化，吐蕃人不斷地向敦煌輸入自己民族的習俗與文化，同時也將吐蕃人喜好的風格迥異的佛教藝術傳入敦煌，和依然保持主流地位的漢傳佛教圖像結合在一起，在敦煌絹畫和壁畫中都留下了痕跡。新樣式的圖象生硬地插入到漢傳佛教圖像體系當中，首先涉及到的是民族文化交流與融合的問題，漢人接受了由吐蕃人傳播而來的菩薩新形象，並在經變畫中大量繪製，這種情況在吐蕃前期洞窟是不常見的，只能出現在蕃漢之間的緊張關係趨於緩和的吐蕃後期。但是接受的程度仍然是有所保留，僅僅是用新樣式的菩薩替換了經變畫中的部份人物，在經變畫中加入了一些新的因素，即使犧牲掉經變畫原來和諧、統一的風格，也不願意將外來的新樣式運用到整鋪經變畫當中，這應該是吐蕃時期莫高窟沒有出現整鋪外來風格樣式的經變畫的部份原因。其次是宗教信仰的差異。8 世紀中葉到 9 世紀初，金剛乘從南印度發展到東印度及中印、北印一帶，到 9 世紀，金剛乘進入了鼎盛時期。吐蕃與印度往來關係密切，印度新出現的密教很快就能傳到西藏。〔註 55〕赤松德贊時期迎請烏仗那的蓮花生到吐蕃傳播佛教，他傳播的「密宗思想正是代表已經走上金剛乘的教規禮儀」〔註 56〕。

〔註 53〕（美）保羅・尼普斯基著，臺建群譯：《7～9 世紀印度中國及吐蕃的佛像》，載敦煌研究院編：《1994 年敦煌學國際研討會論文集》，甘肅民族出版社，2000 年，第 338 頁。

〔註 54〕（美）保羅・尼普斯基著，臺建群譯：《7～9 世紀印度中國及吐蕃的佛像》，載敦煌研究院編：《1994 年敦煌學國際研討會論文集》，甘肅民族出版社，2000 年，第 348 頁。

〔註 55〕參見呂建福著：《中國密教史》，中國社會科學出版社，1995 年，第一章。

〔註 56〕尕藏加著：《吐蕃佛教》，社會科學出版社，2007 年，第 75 頁。

敦煌寫卷中吐蕃時期的密宗經典只有金剛乘類寫卷數量稍多，有漢藏兩種文字的寫本，但是漢藏文兩類經典差別較大。藏文寫卷理所當然是經由吐蕃流傳和影響到敦煌，金剛乘的神祇圖像可能也隨之流入敦煌，無論是經典還是圖像流傳到敦煌的年代可能比吐蕃本土稍晚一些，至少在 9 世紀上半葉以前敦煌就受到了來自吐蕃的金剛乘密教的影響，第 145、147、369 窟手拿金剛杵、劍、以及蓮花的菩薩可能就是由吐蕃傳播而來的密教金剛乘神祇。但是吐蕃統治時期，敦煌密宗信仰很薄弱，這些密教神祇被放置到經變畫當中，與其它菩薩一樣僅僅是脅侍主尊的上首菩薩，圖像原本具有的特殊信仰意義在傳播過程中被忽視了。雖然都在吐蕃的統轄之下，但是吐蕃本土和敦煌地區的文化環境有很大的不同，苯教文化在吐蕃本土有很深的影響力，印度、尼泊爾、于闐、唐朝等周邊國家的佛教和文化都在對吐蕃文化產生影響。吐蕃統治敦煌之後，吐蕃本土文化在不斷地流向敦煌地區，一直遵循中原漢文化爲主導的敦煌卻難以在短時間之內被同化。兩地的文化差異和宗教信仰差異最終引起了圖像在實際運用中的變化。

（六）經變畫中的建築裝飾

佛殿建築是經變畫的重要組成部份，主殿、配殿、亭臺樓閣組合成的建築群使原本虛構的佛國世界變得眞實起來，建築的裝飾性和宗教的想像性相結合，使得畫面產生出似眞似幻的別樣魅力，令信眾神往。吐蕃時期經變畫中的建築沿襲了盛唐以來的樣式，在建築形制方面沒有明顯的變化。爲了實現一壁繪製多鋪經變的需求，每鋪經變佔據的壁面由橫長方形轉變成豎長方形，在豎長方形的壁面中經變畫的建築表現更加完善，呈現出完整的前庭後院，並且更加注重建築的局部裝飾，爲畫面增添了華麗的裝飾效果。

給主殿或配殿的柱身彩繪上裝飾紋樣是吐蕃後期經變畫建築裝飾的又突出特徵，典型洞窟第 231、238、360 窟的經變畫中都出現了柱身彩畫裝飾。第 231 窟北壁華嚴經變中的建築最具有異域特色，主尊和二脅侍菩薩被安置在大殿中，佛殿基座爲須彌座，束腰部份裝飾雲頭紋，仰蓮瓣裝飾接上枋，向外伸出的上下枋鑲嵌寶珠裝飾（圖 31）。佛殿爲三間四柱，柱子的裝飾很特殊，柱頭有獸頭裝飾，柱身被帶蓮瓣的環形花結分隔成四段，每段塗上了不同的底色，上面再裝飾菱形紋、鑲嵌寶珠等等。柱頭額枋畫卷草紋裝飾帶和幾何紋裝飾帶，正面的屋角上分別掛幡幢裝飾。整座建築裝飾華麗，與佛殿中的一佛二菩薩一樣帶有強烈的外來民族風格。這種建築樣式在吐蕃後期經變畫中不常見，而在柱身上繪製裝飾紋樣卻很流行，紋飾的樣式也是多樣化的。第 238 窟北壁藥師變中大殿的柱身上包裹類似金屬物的花結，將柱身份成三段，柱身上沒有畫更多的裝飾紋樣，顯得簡潔素雅。第 158、159、238、240、359、360 窟經變畫建築柱身裝飾各不相同，第 158 窟東壁門南側天請問經變主殿和側殿的柱身上都有裝飾，主殿的柱身份成三段，中間一段以石綠爲底色，再畫上下錯落的黑白或白綠相間的團花（圖 32）。柱身上下兩段爲土紅色，與建築的其它木結構部份保持一致，彷彿是給柱

圖 31　第 231 窟北壁華嚴經變局部

圖 32　第 158 窟東壁天請問經變佛殿建築

身包上了一層裝飾束帶。側殿的柱身裝飾紋樣相同，裝飾在柱身上的位置卻不同，高低錯落，裝飾韻味濃厚。第 360 窟窟頂四披畫千佛，千佛中央各畫一鋪說法圖，說法圖中佛殿的柱身中央裝飾茶花紋和雲紋。第 361 窟北壁彌勒變中大殿的柱身裝飾更複雜一些，簡潔的圓圈狀花結將柱身份成三段，最上段裝飾菱形紋，中斷裝飾圓圈紋，下段裝飾寶珠紋。柱身束帶的裝飾紋樣最多的是茶花紋組成的團花紋、寶珠紋、菱形紋。

柱身上刻飾環形花結的做法在北朝石窟建築雕刻中就已經出現，南、北響堂山和龍門石窟有的石窟入口處就雕刻有裝飾一處或數處花結的柱子，莫高窟隋代洞窟中有繪製蓮瓣花結的龕柱。在經變畫中的建築柱身上裝飾花結和彩繪紋樣的做法在莫高窟出現的年代卻很晚，在吐蕃後期的經變畫中才能見到，而且與南、北響堂山、龍門石窟建築的裝飾方式並不一樣，有的花結帶有蓮瓣，有的沒有，有的柱身沒有裝飾花結，只是畫上裝飾帶，有的柱身全部畫滿裝飾紋樣。柱身裝飾彩畫的方式不是來自中原。如果回過頭去看看年代更早一些的佛教壁畫，可以發現吐蕃時期彩畫柱身的裝飾方式與阿旃陀石窟早期壁畫柱身的裝飾方式較爲接近。阿旃陀石窟第 1、2、19 窟壁畫建築的柱身上有多處包裹著像金屬物一樣的環形束帶，束帶上裝飾有花朵或幾何形紋樣。這些壁畫的年代大約爲 6 世紀前後，吐蕃時期莫高窟壁畫柱身的裝飾不僅年代晚了許多，而且比這些早期的裝飾更加複雜多樣，兩者難以產生直接的聯繫。

《敦煌建築研究》是蕭默的優秀著作，其中指出「束帶彩畫柱不見於任何建築實物和文獻，惟喇嘛教建築往往在柱子重點或全柱以彩色毛氈包裹，以爲裝飾，……，這種彩畫有可能是當時吐蕃裝飾習慣的表現。」〔註 57〕蕭氏的觀點還只是一種推測，尚未能提供相關的實物資料，但還是給本文的研究提供了一個探尋的方向。吐蕃時期的建築實物遺存相當稀少，古代文獻記錄了一些相關信息可供參考。《五部遺教》中的《王者遺教》記載，松贊干布時期修建的大昭寺是以天竺嘎摩羅寺爲模型，赤松德贊時期修建的桑耶寺迎請外國工匠參與建寺，將中原、印度、吐蕃本土的建築風格融彙爲一體。〔註 58〕印度、尼泊爾是影響吐蕃佛教發展的一個重要來源，佛教、寺院建

〔註 57〕蕭默著：《敦煌建築研究》，機械工業出版社，2002 年，第 220 頁。

〔註 58〕參見巴臥・祖拉陳哇著，黃顥譯：《賢者喜宴》摘譯（三），《西藏民族學院學報》（哲學社會科學版）1981 年第 2 期。

築、造像、僧人都源源不斷地輸入吐蕃，印度等地的建築裝飾方式有可能因此而傳入了吐蕃。有幸的是吐蕃時期修建的大昭寺和桑耶寺都保存了下來，部份建築保持著原來的面貌。大昭寺木雕的佛殿大門就是吐蕃時期的遺跡，門楣上方及門的兩側都採用浮雕的裝飾手法雕刻古老的傳說故事和裝飾紋樣，門框的裝飾帶之外還有雕刻花紋的柱子（圖 33）。柱身中央有兩條由聯珠紋組成的環狀裝飾帶，裝飾帶的上下都雕刻花瓣紋，此裝飾紋樣與裝飾方法都和吐蕃後期洞窟壁畫建築物上裝飾的花結相似。今天的大昭寺主殿內供奉著釋迦牟尼 12 歲等身像，像龕前的柱子上有環狀裝飾物包裹，將柱身份割成三段，再鑲嵌圓形或長條形的珠寶裝飾，其裝飾方法與紋樣和第 231 窟華嚴經變中建築的柱身裝飾雷同（圖 34）。在藏區，給佛殿建築的柱身刻飾、鑲嵌、包裹紋飾的習俗一直都在流傳。

圖 33　大昭寺木門裝飾柱

圖 34　大昭寺主殿內供奉的釋迦牟尼佛像

吐蕃後期洞窟經變畫建築柱身裝飾彩畫的現象正是受到了吐蕃人的影響，將外來的彩畫柱身裝飾和中式建築結合在一起，在裝飾紋樣方面則有所改變，更多的採用了當時洞窟中流行的茶花組成的團花紋、寶珠紋、菱形紋等等。

四、小結

本章對 27 個吐蕃窟的窟龕形制、窟頂、龕頂、龕內及龕外兩側壁畫、南、北、東壁壁畫的構成形式及繪畫題材進行了分類，再按洞窟將壁面進行組合，洞窟窟龕形制、四壁壁畫構成形式和題材發展的序列和規律性從中呈現出來。

其中第 93、112、154、197、200、201、222 窟等 7 個洞窟是吐蕃前期營建的洞窟，洞窟形制均爲覆斗頂、西壁開龕的殿堂窟，龕形制有敞口龕和盝頂龕兩種，有的龕內已經設置了馬蹄形佛壇，龕外兩側均設置像臺。窟頂壁畫有千佛和千佛、說法圖相結合兩種構成形式。盝頂龕已經出現了繪製棋格團花和立佛或趺坐佛的裝飾方式，龕內三壁繪製屏風故事畫。有 5 個洞窟龕外兩側壁畫單身人物像，有 2 個洞窟開始繪製文殊變和普賢變。南、北壁壁畫的構成形式很不穩定，大多一壁繪製一鋪經變，壁面西端繪製單身人物像。第 154 窟南壁出現了以「田」字佈局的四鋪經變，是吐蕃前期一壁繪製多鋪經變的嘗試。洞窟東壁壁畫構成形式與後期相同，但是題材不固定，每個洞窟都不相同。總的來說，吐蕃前期營建洞窟還處於恢復階段，無論是壁畫的構成形式還是題材都缺乏規範性，繼承了前代的一些構成形式和題材，同時又有新的因素加入其中，尚未發展成熟。

第 133、144、155、159、186、231、237、238、240、358、359、361、360、369 窟 14 個洞窟是吐蕃後期營建的。窟室形制爲西壁開龕的殿堂窟，龕內大都設置馬蹄形佛壇，龕外兩側不再設置像臺。窟頂的構成形式以千佛和說法圖結合的方式爲主，有 3 個洞窟西披畫十方佛赴會，代替了千佛。盝頂龕內壁畫的構成形式與前期相同，同時又出現了新的裝飾圖案，少數洞窟龕頂出現了雁銜瓔珞圖案和四披畫瑞像圖。龕內三壁都繪製屏風畫，受到南、北壁經變題材的影響，屏風故事畫出現了報恩經變、觀無量壽經變等新題材。文殊變和普賢變固定繪製在龕外兩側，畫有背景山水、帶有眾多脅侍人物的文殊騎獅、普賢騎象圖成爲吐蕃後期流行的圖像樣式。南、北壁壁畫構成形式趨於穩定，注重南、北兩壁圖像的對應關係，兩壁的構成形式完全相同。單身尊像不再出現，一壁繪製 2 至 3 鋪經變，經變下方畫屏風故事畫，少數洞窟經變畫下方畫供養人像。東壁的構成形式沒有變化，在題材方面與前期有很大的不同，維摩詰經變和密教菩薩經變是東壁門兩側及門上繪製的主要題材，有洞窟的東壁門上出現了供養人像。吐蕃後期洞窟與前期最大的不同在於四壁壁畫的構成形式及題材明顯呈現出規範性，是吐蕃時期石窟造像發展成熟的體現，有的洞窟中也出現了新的構成形式或題材。

第 141、145、147、232、236、468 窟窟龕形制與吐蕃後期洞窟相同。第 236 窟壁畫構成形式和題材接近典型洞窟第 231 窟，第 141、145、147、232 窟壁畫構成形式和題材接近典型洞窟第 358 窟。《總錄》記載第 468 窟在唐大中年間建成，東、南、北經後代重修，主室西壁龕外兩側的文殊、普賢變仍然保持著吐蕃後期的圖像樣式和風格。僅從窟龕形制、壁畫構成形式和題材方面看，這 6 個洞窟具有吐蕃後期洞窟的特點。

除了形制和壁畫構成形式方面的特徵之外，本文依據洞窟的普遍性特徵和保存狀況，選定了第 231、238、358、360 窟 4 個典型洞窟，進一步分析了典型洞窟和其它吐蕃後期洞窟經變畫中獨特的時代特徵，爲判斷吐蕃後期洞窟提供了更詳細的依據。本文討論了穿著吐蕃服飾的人物、報恩經變龕內屏風畫、文殊變與普賢變、密教菩薩經變、經變畫中脅侍菩薩新形象以及、經變畫中的建築裝飾等壁畫中六個方面的細節特徵及其出現的時間、原因或者源流，依據這些特徵，再次確認吐蕃後期洞窟有第 133、141、144、145、147、155、159、186、231、232、236、237、238、240、358、359、360、361、369、468 窟，加上第 158 和 365 窟兩個窟龕形制、壁畫題材特殊的洞窟，共計 22 個。

本文考察吐蕃後期洞窟的結果與《敦煌莫高窟內容總錄》和樊錦詩、趙青蘭《吐蕃佔領時期莫高窟洞窟的分期研究》略有不同（見表 7）。《總錄》判定第 141、145、147、232 窟爲晚唐窟，筆者認爲這 4 個洞窟屬於吐蕃後期，與《分期研究》的判斷相一致。樊、趙文判斷第 133、155 窟爲吐蕃早期洞窟，第 186、236 窟非吐蕃時期營建的洞窟，筆者認爲這 4 個洞窟的營建年代均在吐蕃後期。

表 7　本書與《總錄》、《分期研究》吐蕃後期洞窟考察結果比較

吐蕃後期洞窟	《總錄》	《分期研究》	吐蕃後期洞窟	《總錄》	《分期研究》
133	吐蕃時期	吐蕃早期	237	吐蕃時期	吐蕃晚期
141	晚唐	吐蕃晚期	238	吐蕃時期	吐蕃晚期
144	吐蕃時期	吐蕃晚期	240	吐蕃時期	吐蕃晚期
145	晚唐	吐蕃晚期	358	吐蕃時期	吐蕃晚期
147	晚唐	吐蕃晚期	359	吐蕃時期	吐蕃晚期
155	吐蕃時期	吐蕃早期	360	吐蕃時期	吐蕃晚期
159	吐蕃時期	吐蕃晚期	361	吐蕃時期	吐蕃晚期
186	吐蕃時期	非吐蕃窟	369	吐蕃時期	吐蕃晚期
231	吐蕃時期	吐蕃晚期	468	吐蕃時期	吐蕃晚期
232	晚唐	吐蕃晚期	158	吐蕃時期	吐蕃晚期
236	吐蕃時期	非吐蕃窟	365	吐蕃時期	吐蕃晚期

吐蕃統治敦煌後期，吐蕃統治者轉變了對敦煌地區的統治政策，採取了一些提高漢人地位的措施，世家大族、漢人高僧受到重用，吐蕃贊普與唐王朝通好，會盟立碑，這一系列求取安定、和平的行爲致使敦煌地區在較長的一段時間內獲得了安寧，征服者和被征服者之間的關係有了轉變，蕃漢民族之間的關係走向了融洽。在敦煌社會趨向和諧的背景下，穿著吐蕃服飾的人物、由吐蕃人傳播而來的圖像以及吐蕃人的佛教信仰對莫高窟的開窟造像產生了影響，進入到石窟壁畫當中，使得吐蕃後期洞窟呈現出獨特的面貌。有一點需要特別說明，在敦煌這個以漢文化爲正統文化的地區，在短短幾十年內，傳統的漢文化難以被吐蕃文化迅速同化，再加上漢族人心中不可更改的唐朝情結，被漢人接受的吐蕃文化還是很有限的，在石窟藝術當中反映出的比例非常小，所以從整體面貌來看，吐蕃時期莫高窟石窟造像仍然是以漢文化爲主導。

第二章　吐蕃時期經變畫研究概述

在吐蕃後期新建的 22 個洞窟中，經變畫是主室四壁圖繪的主要內容，是敦煌莫高窟吐蕃窟中最吸引人的一類繪畫題材。一窟之中經變畫的題材和數量都大大增加，有的多達十餘鋪，致使四壁壁畫的構成形式與吐蕃前期有了很大的不同。舊的經變題材繼續流行，新的題材不斷湧現，涉及各宗各派，共同組成了宛若「十方」、「三界」的佛國殿堂。吐蕃窟中新、舊題材的經變畫都繼承了前代漢傳佛教藝術的樣式與風格，因而被評價爲藝術性遠不如前代。事實並非全然如此，如果小心而仔細地觀察這些經變畫，我們會發現，在吐蕃人的統治下，雖然莫高窟的佛教造像藝術沒有徹底的改頭換面，但是吐蕃民族帶來的文化影響在其中仍然有所體現，一些新的因素夾雜在原有的漢傳佛教造像風格當中，這一現象在吐蕃後期的經變畫中表現得更爲充分，是特殊社會環境中的藝術創造，是當時蕃漢民族文化碰撞的反映。本章將以吐蕃後期流行的經變畫爲研究對象，從經變畫表現的內容入手，注重畫面的細節討論，因爲這些細節有可能將我們導引向一個正確的方向，從而能夠將吐蕃統治下莫高窟造像藝術中漢藏文化交流、融匯的獨特面貌呈現出來。

第一節　吐蕃時期的經變畫概述

莫高窟吐蕃時期的石窟壁畫繼承了盛唐窟的某些特點，其中之一就是經變畫仍然受到重視。盛唐時期的經變題材、圖像樣式以及繪畫技藝等在吐蕃窟中繼續傳承，同時又出現了新的經變題材、新的圖像樣式和新的藝術特徵，並在吐蕃後期經變畫中發展成熟，逐漸規範化，對晚唐時期的經變畫產生了很大的影響。

吐蕃時期經變畫的題材極爲豐富，呈現出石窟造像和世俗佛教信仰多樣化的面貌。吐蕃後期洞窟經變題材有觀無量壽經變、彌勒經變、阿彌陀經變、藥師經變、維摩詰經變、法華經變、涅槃變、文殊變、普賢變、報恩經變、密教菩薩經變、金剛經變、天請問經變、華嚴經變、金光明經變、楞伽經變、思益梵天問經變等 17 種，和吐蕃前期一樣，與淨土信仰有關的題材最受歡迎，觀無量壽經變和藥師經變數量居於前列。後 5 種經變是吐蕃時期出現的新題材，在數量上它們遠不能和淨土類經變相比，洞窟四壁圖繪的內容卻因爲新題材的增加而變得繁複多樣。爲了滿足大量繪製經變畫的需要，吐蕃前期洞窟中常見的單身尊像完全從壁面中消失了，主室壁畫的構成形式逐漸統一規範，南、北兩壁大都繪製 2 至 3 鋪經變，龕外兩側和東壁門兩側或東壁門上的壁面分別繪製一鋪經變畫，壁面上層繪製經變畫，下層繪製屏風畫是最常見的構成形式。龕內三壁的屏風畫也以表現經變故事畫爲主。各類經題材在壁面的位置也固定下來，文殊變和普賢變畫在西壁龕外兩側，維摩詰經變和密教菩薩經變畫在東壁，其餘經變題材畫在南、北兩壁。

第二節　吐蕃時期的經變畫研究綜述

20 世紀 70 年代以來，中國、日本、歐美的學者們開始關注敦煌經變畫，調查報告、研究論文以及畫冊等論著相繼出版，豐富了經變畫的研究內容，使得敦煌經變畫的研究逐漸成爲敦煌石窟藝術研究中的重要組成部份。其中較重要的論著可以分爲下幾類：

1. 綜合性的研究論文。段文傑《唐代後期的莫高窟藝術》一文「吐蕃時期——中唐」部份中有關於經變畫概要性的論述，文中統計出吐蕃時期流行的經變題材及其數量，簡單介紹了新出現的經變畫內容及藝術成就。〔註 1〕李其瓊的《論吐蕃時期的敦煌壁畫藝術》一文再次統計了吐蕃時期經變畫的新舊題材，以及各類題材的數量，統計數量與前文差異較大，可能是因爲統計的吐蕃窟數量不同造成的。〔註 2〕文中還簡要論述了報恩經變、華嚴經變、涅槃變、彌勒經變以及部份密教圖像的內容，並注意到經變中榜題與壁畫的關係。

〔註 1〕段文傑：《唐代後期的莫高窟藝術》，載敦煌文物研究所編著：《中國石窟・敦煌莫高窟》第四卷，文物出版社，1987 年。

〔註 2〕李其瓊：《論吐蕃時期的敦煌壁畫藝術》，載《敦煌研究》1998 年第 2 期。

2. 專門研究某一類經變題材的論文。這一類論文主要參考經文、變文和榜題辨識經變畫的內容，探討經變畫出現的原因、在不同時代中的發展與演變、表現方式、藝術成就等等。考訂經變的內容、討論其構圖樣式、與經典、變文的關係仍然是研究的重點，專門研究吐蕃時期經變畫的論著則較少。〔註 3〕藏經洞出土的榜題底稿、白描畫稿和絹紙畫也被納入到研究中，研究視野更爲開闊，獲得了不小的成就。以下簡要介紹相關的研究成果。

20 世紀 90 年代，彭金章、王惠民等學者發表了一系列關於密教菩薩經變的研究論文。彭金章的《敦煌石窟十一面觀音經變研究》、《千眼照見、千手護持——敦煌密教經變研究之三》、《敦煌石窟不空絹索觀音經變研究》〔註 4〕等論文，分別對各類密教觀音經變進行了研究。主要梳理了密教觀音經典的傳譯以及經典中記載的觀音及其眷屬的形象，將經典中的人物與壁畫中的人物形象對比，最後指出這些密教觀音經變並未嚴格遵循經典繪製，另外還簡要論述了密教觀音經變出現、流行的原因，以及對稱佈局的經變題材之間的關係。王惠民的《敦煌千手千眼觀音像》分析了盛唐至西夏的千手觀音經變中主尊及眷屬的形象，根據經典的記載確定眷屬的身份，還討論了圖像與經軌的出入以及千手觀音信仰流行的原因。〔註 5〕以上的研究論文重點關注經變圖像與經文的關係，是很好的辨識圖像的基礎研究，但是未能涉及到吐蕃時期密教觀音經變的圖像源流以及經變中的外來因素。

關於金剛經變的研究有楊雄《金剛經、金剛經變及金剛經變文的比較》〔註 6〕，賀世哲《敦煌壁畫中的金剛經變研究》〔註 7〕等論文。楊雄的論文在金剛經文、經變以及變文三者內容的基礎上研究了它們之間的關係和異同。文中討論了中唐金剛經變的構圖樣式，將部份畫面內容與榜題結合起來。他認爲經變畫與《金剛經》的內容和思想差距太大，並未能宣揚《金剛經》的

〔註 3〕參見王惠民：《敦煌經變畫的研究成果與研究方法》，文中詳細地收集了按題材研究敦煌經變畫的研究文章，載《敦煌學輯刊》2004 年第 2 期。

〔註 4〕彭金章：《敦煌石窟十一面觀音經變研究》，載《段文傑敦煌研究五十年紀念文集》，世界圖書出版公司，1996 年。《千眼照見、千手護持——敦煌密教經變研究之三》，載《敦煌研究》1996 年第 1 期。《敦煌石窟不空絹索觀音經變研究》，載《敦煌研究》1999 年第 1 期。

〔註 5〕王惠民：《敦煌千手千眼觀音像》，載《敦煌學輯刊》1994 年第 1 期。

〔註 6〕楊雄：《金剛經、金剛經變及金剛經變文的比較》，載《敦煌研究》1986 年第 4 期。

〔註 7〕賀世哲：《敦煌壁畫中的金剛經變研究》，載《敦煌研究》2006 年第 6 期、2007 年第 4 期。

思想。賀世哲的論文指出中晚唐敦煌壁畫中金剛經流行的原因在於禪宗文獻在敦煌的傳播和禪僧在敦煌地區的活動，並依據經典和晚唐洞窟的榜題考證了壁畫內容。許絹惠的論文《從圖像與空間論「禪淨融合之表現——以唐代敦煌金剛經變爲中心》分析了淨土變與金剛經變的圖像，〔註 8〕認爲金剛經變的中央佛說法畫面受到西方淨土變影響，進而重點研究金剛經變與淨土變的關係，提出了具有「禪淨融合」特質的中晚唐洞窟。以上研究成果對金剛經變和文獻的關係討論較多，忽略了吐蕃時期金剛經變的細節表現特徵和圖像中新樣式人物風格的來源問題。

與禪宗信仰有關的經變還有楞伽經變和思益梵天問經變，是吐蕃時期新出現的題材，數量很少。吐蕃窟第 236 窟南壁有一鋪楞伽經變，保存情況很差。王惠民《敦煌石窟〈楞伽經變〉初探》依據洞窟中抄錄的榜題釋讀了晚唐至北宋洞窟的楞伽經變。吐蕃後期第 141 和第 158 窟各有一鋪思益梵天問經變。王惠民《〈思益經〉及其在敦煌的流傳》一文涉及了敦煌《思益經》寫本、經文思想與禪宗的關係、經變畫的內容、經變榜題底稿等幾方面的內容。〔註 9〕

日本學者川崎芳治和松本榮一是最早研究報恩經變的學者。〔註 10〕20 世紀末期，李永寧發表了《報恩經和莫高窟壁畫中的報恩經變相》一文，對《報恩經》、經變的產生以及經變的社會意義等問題進行了研究，依據經典詳細地釋讀經變中的故事畫。〔註 11〕2000 年敦煌研究院主編的《敦煌石窟全集・報恩經畫卷》出版，畫冊第三章介紹了盛唐至五代時期的報恩經變，提供了一些經變畫的局部圖片，對畫面的細節研究很有益處。

天請問經變的研究以李刈和王惠民的論文爲代表。李刈的《敦煌壁畫中的〈天請問經變相〉》從《天請問經》的內容分析切入，認爲此經歸屬大乘經典，因爲它宣揚佛教的基本知識和主張，在教義上既不過於高深，也不過於

〔註 8〕許絹惠：《從圖像與空間論「禪淨融合之表現——以唐代敦煌金剛經變爲中心》，載《敦煌學》第二十七輯，2008 年 2 月。

〔註 9〕王惠民：《敦煌石窟〈楞伽經變〉初探》，載《敦煌研究》1990 年第 2 期。《〈思益經〉及其在敦煌的流傳》，載《敦煌研究》1997 年第 1 期。

〔註 10〕（日）川崎芳治：《大方便佛報恩經變相畫考》，《國華》第 463 號，1929 年 6 月。（日）松本榮一：《報恩經變相》，《敦煌畫的研究》第一章第七節，1937 年。

〔註 11〕李永寧：《報恩經和莫高窟壁畫中的報恩經變相》，載《中國石窟・敦煌莫高窟》第四卷，文物出版社，1987 年。

荀簡，所以流傳廣泛，並在敦煌留下 30 餘鋪經變畫。〔註 12〕文章總結了天請問經變的構圖種類，認爲中唐以後的經變構圖形式受到彌勒淨土變構圖形式的影響，在藝術上也具有其自身的發展脈絡，尤其是吐蕃時期的天請問經變，不僅數量多，藝術水平也較高。王惠民《關於〈天請問經〉和天請問經變的幾個問題》一文有更深入的研究，對於經典的認識與前者有不同的觀點。〔註 13〕作者認爲此經從內容、結構和體例上看屬於小乘，經文以及經變在敦煌地區流行與盛唐晚期唯識宗僧人進入敦煌、勢力強大有關。論文確定了辨認天請問經變的標誌性圖像，即從天宮中飛下又飛迴天宮的天人。作者還利用發現的經變榜題底稿，將榜題與壁畫的佈局聯繫起來，證明經變構圖是榜題底稿書寫順序的依據。王中旭的著作《陰嘉政窟：敦煌吐蕃時期的家窟藝術與望族信仰》第四章中探討了吐蕃和歸義軍時期天請問經變的流行及與彌勒經變的對應關係問題，認爲經變畫中忉利天與兜率天的對應實際上都表達了生天思想，而生天思想的流行受到當時唯識學的傳播和推動〔註 14〕。《天請問經》是一篇簡短的經文，經文沒有故事情節，經變畫也較單調，由中央的說法會和兩側及下方的小說法圖組成，用諸多小說法圖來表示天請問佛法的場面。以上三位學者對天請問經變的研究已經較爲充分，從圖像到信仰思想都有全面的討論。

莫高窟華嚴經變相的研究較少，韓國東國大學學者海住在 2000 年敦煌學國際學術討論會上發表了論文《莫高窟華嚴經變相的考察》，研究中唐至宋莫高窟華嚴經變相的構成與內容，以及流傳到韓國之後對韓國佛教的影響，論點立意很新穎。〔註 15〕

金光明經變在吐蕃窟中有 4 鋪，第 133 窟北壁、第 158 窟東壁、第 154 窟東壁、南壁各有一鋪。施萍婷的《金光明經變研究》首次系統地探討金光明經變，涉及中唐至宋的金光明經變的構圖形式及內容。〔註 16〕沙武田先後

〔註 12〕李刈：《敦煌壁畫中的〈天請問經變相〉》，載《敦煌研究》1992 年第 1 期。

〔註 13〕王惠民：《關於〈天請問經〉和天請問經變的幾個問題》，載《敦煌研究》1994 年第 4 期。

〔註 14〕王中旭著：《陰嘉政窟——禮俗、法事與家窟藝術》，民族出版社，2014 年。

〔註 15〕海住：《莫高窟華嚴經變相的考察》，載敦煌研究院編：《2000 年敦煌學國際學術討論會文集》，甘肅民族出版社，2003 年。

〔註 16〕施萍婷：《金光明經變研究》，載《1987 年敦煌石窟研究國際討論會文集·石窟考古編》，遼寧美術出版社，1990 年。又見敦煌研究院編：《敦煌石窟經變篇》，甘肅民族出版社，2000 年。

發表了兩篇文章《SP.83、P.3998〈金光明最勝王經變稿〉初探》和《〈金光明最勝王經變〉在敦煌吐蕃時期洞窟首次出現的原因》。前文將敦煌藏經洞發現的兩份白描畫稿與壁畫進行了比較研究，得出的結論是兩份畫稿是吐蕃窟第154窟金光明最勝王經變的壁畫粉本，並由壁畫的年代斷定粉本的年代是在吐蕃時期。此文的研究很有價值，將壁畫與粉本的關係探討向前推進了一步。後文簡要考述了《金光明最勝王經》的主要思想，認爲經文護世護法的思想主旨與人們經歷多年戰爭之後渴望和平的心願相符，從而促成了經變畫的出現和《金光明經》信仰的流行。〔註17〕

維摩詰經變是莫高窟流傳時間最長的經變題材之一，自隋代至宋歷代都有繪製，在經變畫的研究中也受到重視。20世紀上半葉日本學者松本榮一、藤枝晃的研究涉及到維摩詰經變。20世紀50年代金維諾先生就發表了兩篇論文《敦煌壁畫維摩變的發展》和《敦煌晚期的維摩變》，是早期經變畫研究中的重要成果。前文通過與龍門、雲岡石窟等地維摩變比較，探討了初唐以前敦煌維摩詰經變的圖像樣式和藝術風格的發展，後文以第61窟爲例，詳細解說了經變的內容以及晚期的藝術風格。〔註18〕賀世哲於1982年發表了論文《敦煌莫高窟壁畫中的〈維摩詰經變〉》，於1999年編撰了圖文並茂的圖冊《敦煌石窟全集・法華經卷》，圖冊第三章專門講述了敦煌維摩詰經變的發展狀況和經變的內容，分析了不同時代經變的特點和風格特徵，統計了敦煌維摩詰經變的數量和每鋪經變繪製的品目，是相當難得的研究資料。〔註19〕臺灣學者陳清香著有專文《敦煌壁畫中的維摩經變》，涉及各個時代維摩經變的特點及其歷史價值，〔註20〕並在《佛經變相美術創作之研究》一文第二節從美術創作的角度探討了敦煌壁畫、雲岡、龍門等地雕刻的維摩詰經變相藝術

〔註17〕沙武田：《SP.83、P.3998〈金光明最勝王經變稿〉初探——敦煌壁畫粉本系列研究之一》，載《敦煌研究》1998年第4期。《〈金光明最勝王經變〉在敦煌吐蕃時期洞窟首次出現的原因》，載《蘭州大學學報（社會科學版）》2006年第3期。

〔註18〕金維諾：《敦煌壁畫維摩變的發展》，載《文物》1959年第2期。《敦煌晚期的維摩變》，載《文物》1959年第4期。

〔註19〕賀世哲：《敦煌莫高窟壁畫中的〈維摩詰經變〉》，《敦煌研究》試刊第2期，1982年，又載敦煌研究院編：《敦煌石窟研究文集——敦煌石窟經變篇》，甘肅民族出版社，2000年。敦煌研究院主編：《敦煌石窟全集・法華經卷》，商務印書館，1999年。

〔註20〕陳清香：《敦煌壁畫中的維摩經變》，載《1991年第二屆敦煌學國際研討會論文》，臺北：漢學研究中心。

風格。〔註 21〕以上研究成果都以敦煌莫高窟各歷史時段的維摩詰經變爲研究對象，著重於經變畫圖像樣式和繪畫風格的演變與發展，對於吐蕃時期維摩詰經變的獨特性關注不足。

與淨土信仰有關的經變畫是莫高窟數量最多的經變，它們受到了中外學者的關注，研究成果相當豐富，觀無量壽經變、彌勒經變、阿彌陀經變、藥師經變等等題材都有很詳盡的研究。王惠民博士論文《敦煌淨土圖像研究》專注於彌勒淨土、藥師淨土及西方淨土圖像研究淨土，與淨土信仰有關的敦煌文獻、壁畫及絹紙畫在研究中都有涉及，內容豐富且詳盡。2001 年單獨發表《敦煌西方淨土信仰資料與淨土圖像研究史》一文，文中梳理了 20 世紀百年來中日學者對淨土類文獻和圖像的研究成果，在此不再一一陳述。〔註 22〕

3. 關於經變畫功能的研究。這是一個有較大難度的研究角度，研究成果稀少。梅林《律寺制度視野：9 至 10 世紀莫高窟石窟寺經變畫佈局初探》一文從新的角度討論了 9 至 10 世紀的經變畫佈局。〔註 23〕作者注意到吐蕃洞窟中經變畫佈局的變化，眾多的經變容於一室，它們的佈局有相對固定的規範性，提出了參照律寺制度安排經變在壁面的位置，是 9 至 10 世紀莫高窟石窟寺經變佈局的內在操作原則之一的觀點。雖然作者總結的規律並不能把該時段的所有洞窟都包括在內，還有待進一步討論，但是此文的研究涉及到經變畫的整體功能，具有很深的啓發意義。

第三節　吐蕃後期經變畫的研究範圍及研究方法

在搜集近百年來敦煌經變畫研究成果的過程中，筆者明確地認識到，敦煌經變畫的研究成果不是簡短的幾句話能全面概括的，它們或者集中研究某一類經變題材在整個敦煌石窟中出現、發展、變化的歷史以及各時代藝術的特徵和成就，或者詳細考證某一窟中的單幅經變畫，或者專門研究某一時代一類經變畫與經典、文獻的關係，有的研究論著也關注到吐蕃時期經變畫的獨特性。前人的研究成果爲本文的研究提供了相當寶貴的參考資料。從目前

〔註 21〕陳清香：《佛經變相美術創作之研究》，臺北：中華叢書編審委員會，1977 年。

〔註 22〕王惠民：《敦煌西方淨土信仰資料與淨土圖像研究史》，載《敦煌研究》2001 年第 3 期。《敦煌淨土圖像研究》，載《中國佛教學術論典》81 卷，佛光山宗務委員會發行，2001 年。

〔註 23〕梅林：《律寺制度視野：9 至 10 世紀莫高窟石窟寺經變畫佈局初探》，載《敦煌研究》1995 年第 1 期。

經變畫的研究狀況可以看到，對吐蕃時期經變畫的研究還遠遠不夠，還有很多問題沒能完善地解答。吐蕃時期的經變畫既有新的題材也有新的樣式出現，在吐蕃後期發展成熟並形成較固定的模式。然而，新題材和新樣式不是憑空產生。在吐蕃人統治敦煌的60餘年裏，經變畫不可避免地繼承了初、盛唐時期莫高窟造像的傳統，繼承傳統不等於原樣照搬，在繼承傳統的過程中它們發生了哪些變化，這些變化的出現與吐蕃人的統治有什麼關係，或者和當時的歷史背景有什麼關係。吐蕃人也信仰佛教，在他們的統治下漢人的佛教信仰內容與思想有什麼變化，在經變畫中如何體現出來，吐蕃人的影響如何滲入其中，一窟之內出現數鋪經變畫的佈局體現了怎樣的整體設計意圖？這些都是在解讀經變畫的過程中需要繼續回答的問題。

以下各章將以吐蕃後期洞窟中具有突出時代特徵的經變畫爲研究對象，從經變畫的內容和局部細節入手，期望能夠通過區別於前後時代的微小因素來呈現吐蕃後期經變畫的獨特面貌，以及漢藏文化藝術交流融合的一面。文中涉及的經變題材有密教菩薩經變（千手千眼觀音經變、千手千鉢文殊經變、如意輪觀音經變、不空絹索觀音經變）、金剛經變、報恩經變、維摩詰經變等等。吐蕃時期新出現了思益梵天問經變、楞伽經變、金光明經變，數量較少，且已有專文論述，本文在研究中將不涉及這幾類經變題材。鑒於圖像和文獻資料的限制，本文將不專門論及吐蕃時期與淨土信仰有關的經變畫，而是重點關注其它經變題材與淨土類經變、淨土信仰之間的關係。

早期經變畫的研究運用較多的方法是通過經文、變文考訂圖像的內容、判斷圖像的年代以及形式風格的演變問題。隨著敦煌文獻研究的深入，敦煌文書、榜題底稿、畫稿也運用到經變畫的研究中。20世紀50年代以來金維諾教授在《文物》、《美術》、《美術研究》等雜誌上發表了數篇研究敦煌藝術的文章，開始從美術史的角度研究敦煌壁畫藝術。〔註24〕20世紀80年代段文傑

〔註24〕相關論文有：《豐富的想像　卓越的創造——論敦煌莫高窟壁畫的成就》，載《美術》1955年第11期；《按照美的規律塑造——談敦煌莫高窟的彩塑》，載《文物參考資料》1956年第2期；《智慧的花朵——談敦煌圖案的藝術成就》，載《文物參考資料》1956年第8期；《〈佛本生圖〉的內容與形式》，載《美術研究》1957年第3期；《〈佛本生圖〉形式的演變》，載《美術研究》1957年第4期；《〈祇園記圖〉考》，載《文物參考資料》1958年第10期；《〈祇園圖記〉與變文》，《文物參考資料》1958年第11期；《壁畫〈維摩變〉的發展》，載《文物》1959年第2期；《敦煌晚期的〈維摩變〉》，載《文物》1959年第4期；《敦煌石窟概述——沙漠上的藝術之宮》，載《美術研究》1959年第4期；

發表了一系列研究莫高窟石窟藝術的文章，從十六國北朝至元各個時代都有涉及，文章著重探討各時代石窟藝術中塑像、壁畫題材、內容、風格形式的特點、分析其藝術成就。〔註 25〕他們的研究方法對敦煌石窟藝術的研究有很大的影響，也爲本文的研究提供了很好的範例。本文將從美術史研究的角度出發，更多的關注經變畫中藝術形式與風格本身，以回答前文中針對吐蕃後期經變畫提出的問題。

《敦煌窟龕名數考》，載《文物》1959 年第 5 期。金維諾著：《中國美術史論集》（中卷）收錄了這些文章，黑龍江出版社，2004 年。

〔註 25〕參見段文傑著：《段文傑敦煌藝術論文集》，甘肅人民出版社，1994 年。

第三章　密教菩薩經變研究

吐蕃時期流行的密教菩薩經變有千手千眼觀音經變和千手千缽文殊經變，如意輪觀音經變和不空絹索觀音經變，其中千缽文殊變是莫高窟出現的新題材。〔註 1〕吐蕃後期，密教菩薩經變數量急劇增加，11 個洞窟共畫有 21 鋪，第 360 窟千缽文殊變畫在了北壁，其餘都固定畫在洞窟東壁門上或門兩側（表 8）。對於吐蕃後期的密教菩薩經變，本章將討論以下三方面的內容：密教菩薩經變中的脅侍人物辨識；密教菩薩經變的圖像源流；吐蕃時期密教菩薩信仰的特點。

表 8　吐蕃後期密教菩薩經變的數量統計

窟號	如意輪觀音經變	不空絹索觀音經變	千手千眼觀音經變	千手千缽文殊變
141	/	東壁門上	/	/
144	/	/	東壁門南（十一面）	東壁門北
145	東壁門北	東壁門南	/	/
147	東壁門北	東壁門南	/	/
158	東壁門上	/	/	/
231	/	/	甬道頂	/
232	東壁門南	東壁門北	東壁門上	/
238	/	/	前室南壁（模糊）	前室北壁（模糊）

〔註 1〕「千手千眼觀音經變」以下簡稱「千手觀音變」，「千手千缽文殊經變」以下簡稱「千缽文殊變」。

358	東壁門北	東壁門南	/	/
360	/	/	/	北壁（殘毀）
361	/	東壁門南中部	東壁門北（十一面）	東壁門南上部
數量	5	6	5	5

第一節　密教菩薩經變中的脅侍人物

莫高窟初唐洞窟最早出現密教觀音像，觀音身邊的眷屬只有脅侍菩薩，類同於中原同時期密教觀音單龕造像。盛唐第 148 窟千手觀音變主尊四周出現了 18 位眷屬，有內四供養菩薩、外四供養菩薩、密教十二天神祇，這是莫高窟第一鋪成熟而完備的密教經變圖像。吐蕃時期的密教菩薩經變與盛唐千手觀音變的構圖方式相同，主尊居於畫面的中心，坐蓮臺之上，眷屬分佈在主尊四周，兩兩對應。主尊四周眷屬的數量不同，少的有 6 位，多的達 29 位，脅侍人物的配置顯得較爲隨意（表 9）。其中日光菩薩、月光菩薩、內四供養菩薩、外四供養菩薩、脅侍菩薩、功德天和婆藪仙、天王、龍王、忿怒尊等等人物出現的頻率很高，是密教菩薩共同擁有的眷屬，不會因主尊不同而有變化。這些眷屬不是來自某一部密教經典，而是出自多部不同的經典，他們追隨不同的密教菩薩主尊，守護、莊嚴壇場，同時也是被供奉的對象，是幫助信仰者達成祈福願望的人物。下文將一一辨識眷屬人物的形象及其在經變中的信仰意義。

表 9　吐蕃後期密教觀音經變眷屬人物統計表

窟號	經變名稱	日光菩薩	月光菩薩	天王	水神	火神	風神	地神天王	功德天	苦行仙	忿怒尊	金翅鳥王	孔雀王	龍王	象頭毗那夜迦	豬頭毗那勒迦	菩薩	夜叉	阿修羅	飛天	總數
141	不空絹索觀音變	1	1														4				6
144	千手觀音變	1	1		1	1	1	1	1	1	2	1	1	2			8				22
	千缽文殊變	1	1						1	1	2			2	1	1	4	2			16
145	如意輪觀音變	1	1	2					1	1				2			5				13

	不空絹索觀音變	1	1						1	1						5					9
147	如意輪觀音變	1	1											2		2					6
	不空絹索觀音變	1	1	2																	4
158	如意輪觀音變			2													2				4
232	不空絹索觀音變	1	1	2							2					23					29
	如意輪觀音變	1	1						1	1	2			2		21					29
	千手觀音變								1	1	2					8					12
358	不空絹索觀音變			4					1	1	2			2		7				2	19
361	千手觀音變	1	1	4					1	1	2					4					14
	千鉢文殊變	1	1								2			2		6	2	2			14
	不空絹索觀音變	1	1													4					6

注：第231、238、358、360窟經變畫面殘缺，脅侍人物不完整，未能列入表中。

一、日光菩薩和月光菩薩

日光菩薩和月光菩薩屬於密教十二天神祇。唐高宗時中印度僧人阿地瞿多來到長安，弘揚持明密法，在慧日寺譯出《陀羅尼集經》12卷，日、月天列於諸天部。卷4《十一面觀世音神咒經》宣說供養壇法，日天居於外院西面，月天位於外院東面。唐菩提流志譯本《不空絹索神變眞言經》卷8詳細講說了不空絹索觀世音像的供養壇法，在本尊宮殿外右上置日天子，左上置月天子。伽梵達摩譯《千手千眼觀世音菩薩廣大圓滿無礙大悲心陀羅尼經》說「是時當有，日光菩薩、月光菩薩與無量神仙，來爲作證，益其効驗。我時當以千眼照見，千手護持。」〔註2〕從經典的記載看，列於諸天部的日光、月光菩薩是十一面觀音、千手觀音以及不空絹索觀音共同擁有的眷屬，他們守護在本尊的宮殿外。在經變畫中他們有固定的位置，位於主尊上方左右兩側。吐

〔註2〕《大正藏》第20冊，第108頁上。

蕃時期，密教菩薩經變熱衷於繪製日光、月光菩薩，他們的形象變得豐富起來，除了延續盛唐時期手持蓮花的菩薩形象之外，還出現了騎五馬的日光菩薩和騎五鵝的月光菩薩，以及日輪和月輪。他們不僅是主尊的眷屬，同時也是被供奉的對象，可以給信仰者帶來諸多的好處。

《陀羅尼集經》卷 11《諸天等獻佛助成三昧法印咒品》包括了日天、月天法印咒，並說「若有受持此印誦咒。日日供養日天子者。一切無病。若在佛前供養者。諸佛歡喜。」〔註 3〕

菩提流志譯《不空絹索神變眞言經》卷 6，「若視日天執持寶索誦眞言請。則得日天觀視擁護。若視月天執持寶索誦眞言請。則得月天觀視擁護。」〔註 4〕卷 8（供養觀世音菩薩）「又加持蘇曼那花揭抳迦羅花優缽羅花酥。護摩一千八遍。其日天月天一時現前。放大光明照祐加被得大神通。」〔註 5〕

伽梵達摩譯《千手千眼觀世音菩薩廣大圓滿無礙大悲心陀羅尼經》「日光菩薩爲受持大悲心陀羅尼者，說大神咒，而擁護之：……誦此咒，滅一切罪，亦能闢魔及除天災。若誦一遍禮佛一拜。如是日別三時誦咒禮佛。未來之世所受身處。當得一一相貌端正可喜果報。」「月光菩薩亦復爲諸行人。說陀羅尼咒而擁護之：……此咒乃是過去四十恒河沙諸佛所說。我今亦說。爲諸行人作擁護故。除一切障難故。除一切惡病痛故。成就一切諸善法故。遠離一切諸怖畏故。〔註 6〕

日光、月光菩薩護祐在主尊左右，莊嚴壇場，同時又擁有自己的法印和眞言。供養日光、月光菩薩，持誦神咒，可以除災去病，得到護祐，在供奉本尊的同時又可以供奉日光、月光菩薩，獲取果報多重利益世間的果報，日光、月光菩薩兩位脅侍人物日益受到重視，以不同的形象頻繁出現。

關於騎馬的日天和騎鵝的月天，善無畏譯《尊勝佛頂修瑜伽法軌儀》曼陀羅壇法中有說明：「又南門西面日天子並后。乘五馬車。兩手把開蓮華坐圓輪。七曜各其本色。手執本印。在日左右圍繞。門東面月天子並后。乘五鵝車。手執風幢上伏兔。坐白月輪中。」〔註 7〕經文中直接提到了五馬車和五鵝車，與經變中騎馬和騎鵝的日、月光菩薩形象接近，不同之處在於經典記載

〔註 3〕《大正藏》第 18 冊，第 879 頁中。
〔註 4〕《大正藏》第 20 冊，第 257 頁中。
〔註 5〕《大正藏》第 20 冊，第 268 頁中。
〔註 6〕《大正藏》第 20 冊，第 111 中、下。
〔註 7〕《大正藏》第 19 冊，第 379 頁中。

車上坐著「日天子並后」、「月天子並后」雙身人物。敦煌寫經 S.2021《佛說法句經》說「譬如有人欲行嶮路恃託一人。善於伎藝鎧仗修有並好寶車。駕以五馬。身心無畏。得達無難。善知識者亦復如是。法身壯大善於方便。六度伎藝。慈悲鎧仗。皆悉修有。來於大乘駕五神通。運載汝等得無所畏。離於三塗生死諸難。」〔註 8〕或許日光菩薩駕乘的五馬車代表的意義如同「大乘駕五神通」，可以帶領眾生脫離生死諸難，達到身心無畏的境界。

二、功德天與婆藪仙

密教菩薩經變中出現了諸天部的女性神，被安置在主尊下方蓮池一側，此人即功德天，又名吉祥天女。功德天胡跪或結跏趺坐於蓮臺或圓形地毯上，雙手有的捧花盤，有的合十，身後有圓形頭光和身光。功德天的服飾裝扮有兩種樣式，一種穿著大袖襦衫，胸前佩戴瓔珞等飾物，頭上戴冠，冠上有披巾垂於兩肩，形象如同天女，第 358、361、145 窟東門北側和第 232 窟東門南側經變中的功德天都如此裝扮（圖 35）。第 144、358、145 窟東門南側和第 232 窟東門上方的經變中功德天是供養菩薩的裝扮，頭戴天冠，項飾瓔珞，披巾繞過前胸，下身著裙（圖 36）。阿地瞿多譯《陀羅尼集經》卷 10 有「功德天像法」，「身端正赤白色二臂。畫作種種纓絡環釧耳璫天衣寶冠。天女左手持如意珠。右手施咒無畏。宣臺上坐。左邊畫梵摩天。手執寶鏡。右

圖 35　第 145 窟東壁北側功德天和婆藪仙

〔註 8〕《敦煌寶藏》第 15 冊，第 312 頁。

圖 36　第 145 窟東壁南側婆藪仙和功德天

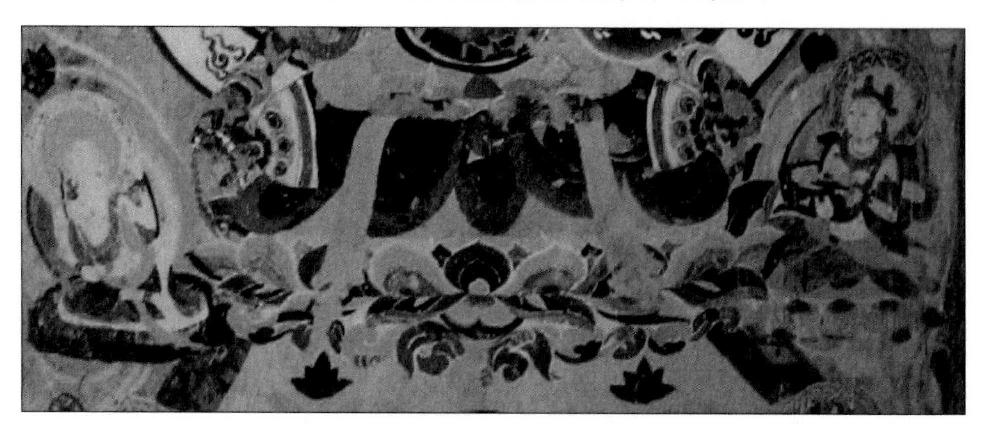

邊畫帝釋天。如散華供養天女。背後各畫一七寶山。於天像上作五色雲。雲上安六牙白象。象鼻絞馬腦瓶。瓶中傾出種種寶物。罐於功德天頂上。」〔註 9〕菩提流志譯《不空絹索神變眞言經》卷 11 說，「又法以錫鑞造功德天像。半加趺坐手執蓮花。衣服鐶釧七寶瓔珞而莊嚴之。當置此像悉地王像側。誦持最勝明王眞言。加持花幔置功德天頭上。以諸花香如法供養。」〔註 10〕不空譯《毗沙門天王經》說吉祥天女形象，「眼目廣長顏貌寂靜。首戴天冠瓔珞臂釧莊嚴其身。右手作施願左手執開敷蓮花。」〔註 11〕壁畫中功德天的形象與經典的記載不完全相符，其形象似乎是綜合了不同經典的描述而創造出來的。

功德天原本是婆羅門教毗紐天之妃，掌握著人天的祥福。作爲密教諸天部的女性神，她居住在毗沙門王的阿尼曼陀城功德華光園內，名爲金幢最勝園，七寶極妙。《陀羅尼集經》卷 10 有「功德天法」一卷，包括印法、像法、壇法等等，經文開篇講說供養傳播功德天法的作用，「爾時功德天女白佛言。世尊學此法者。我當隨其所須之物。衣服飲食臥具醫藥。及餘資產。供給是人無所乏少。繫念心住晝夜歡喜。正念思惟是咒章句。發菩提心。若眾生於百千佛所。種諸善根。是說咒者。爲是等故。於閻浮提。廣宣流佈是妙經典。令不斷絕。是諸眾生聽是咒已。於未來世無量百千那由他劫。當在天上人中受樂。值是諸佛。速成阿耨多羅三藐三菩提。三惡道苦悉畢無

〔註 9〕《大正藏》第 18 冊，第 876 頁上。
〔註 10〕《大正藏》第 20 冊，第 282 頁中。
〔註 11〕《大正藏》第 21 冊，第 215 頁下。

餘。」〔註 12〕

菩提流志譯《不空羂索神變眞言經》多處提到供養功德天的益處，卷 11「其功德天及所眷屬。恒常施與一切珍寶天諸衣服甘露妙藥。守護憐愍愛之如子恒不放捨。是時則得倉庫盈溢。如毗沙門倉庫無異。」〔註 13〕「世尊若蓮池泮作護摩壇。加持木櫁木杜仲木然火。加持蓮花並幹葉。截和酥蜜如法護摩。滿七日夜得功德天現身而來。靜心勿怖供養閼伽。時功德天謂眞言者。今何所須。答言施我無盡寶藏。功德天言如眞言者意。說此語已則便不現。從此已後伏藏逐身供給費用。得寶藏者常僧供養觀世音功德天一切三寶。恒勿斷絕特勿積貯。若積貯者即不復得。」〔註 14〕卷 13「若功德天像前。右手執杖誦溥遍心印眞言。稱功德天。於功德天像頭上右旋杖者。得功德天現身而來。與諸財寶富饒之願。」〔註 15〕

無論念誦神咒，還是以壇法供養，供奉功德天的最大益處就在於信仰者可以獲得豐饒且無盡的財寶，吉祥安樂，受益無窮。

在蓮池的另一側和功德天對應的人物是身形瘦削、赤裸上身的老人，他一手上舉，手掌放置在額頭上方，一手持仙杖，或放置在腰間（圖 32、33）。第 144 窟東壁門北側千手千眼觀音經變保留的榜題爲「婆叟仙」，是吐蕃時期密教菩薩經變中老人形象身邊唯一可以辨認的榜題，學者一般依此榜題確定了密教菩薩經變中的老人身份爲婆藪仙。松本榮一著《敦煌畫の研究》附圖 168、169、171、174 均爲敦煌藏經洞出土絹畫千手觀音變，是晚唐以後的作品。經變中老人形象的榜題有多種寫法，「婆藪仙」、「婆首先」、「婆瘦仙」等等。〔註 16〕絹畫與壁畫中老人的名稱用字不同，發音都相同，應該都是相同的名稱。在北朝至初唐洞窟中，婆藪仙和鹿頭梵志是一組對應的人物，常常一起出現在龕內或龕外主尊的兩側。婆藪仙是瘦骨嶙峋的老人形象，手中執鳥於胸前或高舉。有學者指出，婆藪仙與鹿頭梵志成對出現，「是以外道的、反面角色的意義出現的。」〔註 17〕《婆藪仙與鹿頭梵志》一文討論了婆

〔註 12〕《大正藏》第 18 冊，第 874 頁中、下。

〔註 13〕《大正藏》第 20 冊，第 283 頁中。

〔註 14〕《大正藏》第 20 冊，第 293 頁中。

〔註 15〕《大正藏》第 20 冊，第 294 頁下。

〔註 16〕參見（日）松本榮一著：《敦煌畫の研究》，東方文化學院東京研究所刊，1937 年。第六章　密教圖像の研究——各種尊像。

〔註 17〕張元林：《莫高窟北朝窟中的婆藪仙和鹿頭梵志形象再認識》，《敦煌研究》2002 年第 2 期，第 75 頁。

藪仙圖像的意義，分析其有善、惡雙重性格。「作爲善神時，有以化身證明殺身入地獄者」，如《大方等陀羅尼經》所述的故事，「有以護法神身份出現者，如密教二十八部眾之一。而《大智度論》所述，婆藪仙是佛教的反面人物」，鄙小猥瑣的外道形象。〔註 18〕密教菩薩經變中老人形象雖然和北朝時期的婆藪仙有些相似，但也有很大的不同，他的手中沒有標誌性的鳥，與他相對應的人物也不再是鹿頭梵志，而是功德天。在密教觀音經典中不見到婆藪仙或婆萸仙的名號。不空譯《毗沙門儀軌》同時提到了婆萸仙和功德天。《十二天供儀軌》說火天旁「有二天女持天花。左右置苦行仙。垂左腳蹉右足。印相者左手作拳安腰左。右手五指直豎相著。屈空納著掌中。風屈中節。」〔註 19〕苦行仙的形象似乎與老人的形象更爲相近。菩提流志譯《不空絹索神變眞言經》卷 8 清淨無垢蓮華王品說不空絹索觀音像畫法和壇法，「宮殿外上左右。置苦行仙眾。形體枯瘦作讚歎相。」〔註 20〕同時功德天也出現在壇中，置於「宮殿外山右嘴上」。菩提流志譯《如意輪陀羅尼經》壇法品說苦行仙眾與火天神一起出現在外院東南面。在《百論疏》中苦行仙又名勒沙婆。「其人計身有苦樂二分。若現世並受苦盡而樂法自出」。〔註 21〕經變中形體枯瘦、舉手讚歎的老人實際上是苦行仙的形象，只是被誤命名爲「婆藪仙」。他象徵著此生現世苦盡，福樂自來，與象徵財富、安樂的功德天兩兩對應，這正是世俗信眾供養二位尊像追求的完美現實意義，即除去現世的苦，盡享安樂與富饒。

三、內四、外四供養菩薩

彭金章《莫高窟第 148 窟密教內四外四供養菩薩考釋》一文對盛唐晚期第 148 窟東壁門上千手千眼觀音經變中出現的內四和外四供養菩薩進行了考釋，並提出了辨識密教內四、外四供養菩薩的標準。〔註 22〕依據彭金章提出的辨識標準，吐蕃窟中的密教菩薩經變沒有完整的內四、外四供菩薩出現，無論是內四、外四供養菩薩還是其它脅侍菩薩的數量、配置都很隨意，沒有遵循任何規範或規律，第 232 窟如意輪觀音變和不空絹索觀音變的脅侍菩薩

〔註 18〕王惠民：《婆藪仙與鹿頭梵志》，載《敦煌研究》2002 年第 2 期，第 69 頁。
〔註 19〕《大正藏》第 21 冊，第 385 頁下。
〔註 20〕《大正藏》第 20 冊，第 269 頁中。
〔註 21〕《大正藏》第 42 冊，第 244 頁中。
〔註 22〕彭金章：《莫高窟第 148 窟密教內四外四供養菩薩考釋》，載《敦煌研究》2004 年第 6 期。

多達 20 餘身，第 147 窟如意輪觀音變有 2 身脅侍菩薩，一些脅侍菩薩身份無法辨識。第 144 窟千手文殊變有內供養金剛嬉和金剛舞菩薩，千手觀音變有內供養菩薩金剛歌、金剛鬘和外供養菩薩金剛香、金剛燈，第 358 窟如意輪觀音經變有內供養菩薩金剛舞、金剛鬘和外供養菩薩金剛香、金剛花。他們分佈在主尊的兩側，每位菩薩沒有固定的位置。第 361 窟出現了特殊的現象，千手觀音變和千手文殊變主尊兩側配置了完整的內四供養菩薩，金剛歌菩薩手持琵琶、箜篌等樂器，金剛舞菩薩雙手一伸一屈呈舞蹈姿勢，金剛嬉菩薩雙手握拳置於腰側，金剛鬘菩薩於胸前雙手持花鬘。

供養內四、外四供養菩薩能獲得何種成就，在金剛智譯《金剛頂經瑜伽觀自在王如來修行法》中有詳細地講述：〔註 23〕

金剛嬉——禪智二度當心豎。一切嬉戲漸輪升。頂上散之契聖意。作此供養。一切如來。智慧供養。諸佛以此。爲遊嬉戲。

金剛鬘——由此眞言印供養。當獲灌頂法王位。

金剛歌——演妙清音。以娛聖會。……由此供養金剛歌。不久當俱如來辯。

金剛舞——觀妙妓雲普供養。定慧進力各旋舞。……由此妙舞供養故。當獲如來意生身。

金剛香——由以焚香供養故。即得如來無礙智，普周世界獻妙香。獲得諸上諸佛智。

金剛華——由結金剛華供養。速證如來四八相。

金剛燈——作此法者以如來智燈而爲供養。能令有情速成如來智慧。以斯供養獲得五眼清淨。

金剛塗——香氣周流十方界。普薰聖眾及聲聞。……作此法著。以諸如來。智尸羅之香。而爲供養。能令有情。速獲清淨。由斯福故具五分身法。

供養外四、內四供養菩薩獲得的成就都是較爲抽象的，與世俗化的信仰需求有些差距。密教菩薩經變中繪製外四、內四供養菩薩顯得很混亂，這些供養意義也未能在其中體現出來，究其原因可能與當時流行的經典和敦煌密教發展的階段有關。《千手經》、《不空絹索神變眞言經》、《觀世音秘密藏如意輪陀羅尼神咒經》、《十一面神咒心經》等等是吐蕃時期流行的密教觀音經典，在敦煌文書中留下了大量的抄本，有的還存有由漢文本轉譯的古藏

〔註 23〕《大正藏》第 19 冊，第 75 頁上～79 頁中。

文寫本，但是這些經典當中都沒有內、外四供養菩薩的記載。彭金章在考釋密教內外四供養菩薩時依據的經典屬於《金剛頂經》類經典，這些經典在吐蕃時期的敦煌並不流行。因爲缺少經典文字的支持，可能影響到信仰者對內、外四供養菩薩的理解，在經變中他們與其它脅侍菩薩的身份是同等同的，將他們畫入經變中的依據可能是盛唐末期流傳下來的稿本。第 232 窟如意輪觀音經變和不空絹索觀音經變分別有供養菩薩 20 多身，從菩薩手中持物可以辨認其中有金剛舞、金剛縵、金剛花等內外四供菩薩，他們和其它的菩薩一起圍繞在主尊左右，無等級層次之分。另外，吐蕃時期的敦煌密教還處在雜密階段，以信仰陀羅尼和持明密教爲主，密教信仰的實用性受到更多的關注。

四、天王

吐蕃時期天王信仰流行，前期和補繪洞窟中都流行繪製單身天王立像。第 91 窟東壁門北，第 188 窟東壁門南、北側，第 199 窟東壁門北、第 202 窟龕外南、北側，東壁門南、北側，各補繪天王像一身，第 154 窟南壁西側像臺上方有兩身穿著吐蕃武士鎧甲的毗沙門天王。敦煌藏經洞出土的紙本著色毗沙門天王像，P.tib.2222、P.tib.2223、P.tib.2224，形象與壁畫天王像類似。〔註 24〕這些圖像反映了當時天王信仰興盛的狀況，其中托塔的毗沙門天王像最多，最受重視。

吐蕃後期，經變畫幾乎佔據洞窟內了除窟頂之外的所有壁面，單身尊像從壁面消失了，也不再繪製單身天王像，天王像出現在密教經變畫當中，是密教菩薩的壇場四門的守護神。經變中天王的數量不固定，或一鋪兩身，或一鋪四身，分別位於主尊身光上方或下方兩側。天王均爲舒坐姿勢，頭戴寶冠、身穿鎧甲，作瞋怒面，身材比其它脅侍人物魁梧，顯得很有氣勢。天王的面貌、身形、服飾等外在形象幾乎完全相同，他們的身份可以憑藉手中持物來辨認，但是吐蕃時期密教菩薩經變圖像中天王手中所持法器也不固定。

第 158、358 窟如意輪觀音變、第 232 窟不空絹索觀音變、第 361 窟千手觀音變中都有一身左手托白塔，右手持戟或圓頭寶棒的天王（圖 37）。《佛說陀羅尼集經》卷 11 說四天王像法，毗沙門天王左手「執矟拄地，右手屈肘擎

〔註 24〕沙武田著：《敦煌畫稿研究》，民族出版社，2006 年。

於佛塔」。〔註25〕《千手觀音造次第法儀軌》說「毗沙門天王。色紺青。左手持寶塔。右手杵。」〔註26〕寶塔是毗沙門天王的標誌物，一般都把手托寶塔的天王確定爲毗沙門。

其它天王手中所持法器各不相同，難以利用法器來斷定他們的身份。第147窟和第358窟不空絹索觀音變、第358窟如意輪觀音變、第361窟千手觀音經變各有一身天王一手持圓頭寶棒，一手屈肘向前伸出（圖38）。第145窟如意輪觀音變天王右手執戟拄地，左手放置在左膝上。第147、232窟不空絹索觀音變和第158、232窟如意輪觀經變各有一身天王向前伸出雙手結印。第232窟如意輪觀音變南側上方的天王左手執劍，右手置於膝上。第361窟千手觀音變南側的天王雙手彈琵琶。在相關的密教觀音經典中，天王手中持的器物也各不相同。例如：《陀羅尼集經》卷11說「提頭賴吒天王像法。其像身長量一肘作。身著種種天衣。嚴飾極令精妙。與身相稱。左手申臂垂下把刀。右手屈臂。向前仰手。掌中著寶。寶上出光。毗嚕陀迦天王像法。其像大小衣服準前。左手亦同前天王法。申臂把刀。右手執矟。矟根著地。毗嚕博叉天王像法。其像大小衣服準

圖37　第158窟毗沙門天王

圖38
第358窟不空絹索觀音經變天王像

〔註25〕《大正藏》第18冊，第879頁上。
〔註26〕《大正藏》第20冊，第138頁中。

前。左手同前。唯執稍異。其右手中而把赤索。」〔註 27〕智通本《千眼千臂觀世音菩薩陀羅尼神呪經》觀世音壇場安四門，毗樓勒叉天王守護南門。《千手觀音造次第法儀軌》說「毗樓勒叉王。色赤。左手執杵。右手把劍。」〔註 28〕毗樓勒叉天王又名增長天王，《不空絹索陀羅尼自在王咒經》不空絹索神咒壇法，「壇東門外畫二天王守護其門。左邊應作持國天王。右邊應作增長天王。俱被衣甲器仗嚴淨。作瞋怒面眼光赤色。持國天王以手執劍。增長天王以手執棓。」〔註 29〕毗樓勒叉天王在不同的觀音壇法中，不僅手中持物不同，守護的方位也不同。《千手觀音造次第法儀軌》說「提頭賴吒王。赤紅色又青白色。左手執如意寶王黃色青八角。右手刀。」〔註 30〕這位守護東方的持國天王在《不空絹索陀羅尼自在王咒經》壇法中又以手持劍。從圖像的呈現和經典的記載都可以看到，四天王的形象大致相同，在不同的密教菩薩壇法中手持的法器卻是各種各樣。可以推斷，至少在此階段，在天王圖像中，除了托寶塔是毗沙門天王的標識之外，其它的天王還沒有擁有屬於自己標誌性的法器。

吐蕃時期的敦煌文書中有很多與天王信仰有關的記載，在當時的天王信仰、供奉活動中，人們更加注重四天王具有救護疆埸，保國安民，使甘雨順時的守護神力。P.2807 有天王文三篇，第二篇《天王文》反映了吐蕃時期一月之中舉行兩次賽天王的活動的盛況，祈禱「護人衛國，福樂城池」。第四篇《天王文》視天王為「天上之尊者」，「今者彎（緣）倒（道）俗二眾，其（祈）禱四王，或圖像而瞻仰尊顏，或饌香餐而恭行設奠。奏八者於階下，虔一心於像前，冀靈神而降臨，庶成持保庇。亦願國安人泰、風雨不迷，倉有萬庫之饒，室著千廂之詠。唯願四天王，眾二十天，福力增強，惠命遐遠。然後沾有識，被無涯，賴芳因，成覺道。」〔註 31〕在賽天王的活動中，要舉行相關的儀式，信眾在四天王像前瞻仰尊顏，虔心祈禱，或者「緇綠顒顒，衣冠濟濟，捧爐跪膝而界神像前」求取天王的護祐。〔註 32〕

民間的賽天王活動與密教菩薩經變中的天王像在信仰意義上存在一些差

〔註 27〕《大正藏》第 18 冊，第 879 頁上。
〔註 28〕《大正藏》第 20 冊，第 138 頁下。
〔註 29〕毗樓勒叉天王又名增長天王。《大正藏》第 20 冊，第 427 頁下。
〔註 30〕《大正藏》第 20 冊，第 138 頁中。
〔註 31〕楊富學、李吉和輯校：《敦煌漢文吐蕃史料輯校》，甘肅人民出版社，1999 年。
〔註 32〕P.2807《天王意》，同上。

別。《陀羅尼集經》卷 11「是法印咒。名四天王通心印咒。若作像身。於道場中日日作印。對於像前誦上咒等。及誦心咒。得四天王歡喜垂恩。若能誦咒滿十萬遍。療病大驗多得錢財。」〔註 33〕和供奉功德天一樣，四天王能給供奉者帶來的是現世利益，可以獲取財富，治癒病痛。

五、龍王和忿怒尊

第 144 窟千手觀音變和第 145、147、232、358 窟如意輪觀音變蓮座下的水池裏有兩身人物站立在水池中，他們一手叉腰，一手托蓮臺，一退屈膝抬高，身體向後仰，似乎正在用力的托起蓮臺或蓮臺下的雲朵。他們頭戴寶冠，身披帛巾，裝飾瓔珞，下穿短褲。頭後大多畫有圓形頭光，有的頭光上畫有雲朵紋裝飾，有的爲單色平塗。第 358 窟如意輪觀音變蓮池中的人物頭光中畫有五條白色的蛇頭。第 144、361 窟千缽文殊變蓮座下方畫出了須彌山，須彌山山腰纏繞著兩身人首蛇身的人物，他們上身的裝扮和前面提到的蓮池中的人物相似，頭光中也畫有五條蛇頭。這兩種形象的人物都是前來守護佛法的龍王。在密教菩薩經典中，龍王更重要任務是守護眾生。唐李無諂譯《不空絹索陀羅尼經》降伏龍品專門講述了在龍居住的池邊誦讀觀自在菩薩不空絹索心王咒可令龍現身，爲貧窮困苦眾生提供財物、飲食資具，在世間遇旱無雨時，以龍的神力「騰虛空中興大黑雲。風滿虛空降注大雨。大雨充足成熟五穀。」〔註 34〕有龍安住的國家可以獲得種種利益，「是故彼國諸眾生等安隱快樂。其國豐樂多諸人眾。稻穀甘蔗黃牛水牛充饒熾盛。恒常歡喜少病少事。無有死疫飢餓鬪諍無惡逆賊。」〔註 35〕唐伽梵達摩譯《千手經》說如法持誦觀世音菩薩陀羅尼神咒，「於諸眾生，起慈悲心者，我時當敕一切善神、龍王、金剛密迹，常隨衛護，不離其側，如護眼睛，如護己命。」〔註 36〕

密教菩薩經變下方兩側還有兩身或站立或坐的火焰紋中的人物，有一面雙臂、四臂或六臂，手中持金剛杵、法輪、寶杵等法器，瞠目張口，呈忿怒狀，他們就是以智慧摧破煩惱業障的忿怒尊明王。他們的姿態也是豐富多樣，第 144 窟千缽文殊變的忿怒尊與盛唐第 148 窟相似，明王結跏趺坐於蓮

〔註 33〕《大正藏》第 18 冊，第 879 頁中。
〔註 34〕《大正藏》第 20 冊，第 417 頁中。
〔註 35〕《大正藏》第 20 冊，第 417 頁下。
〔註 36〕《大正藏》第 20 冊，第 108 頁中。

臺上。第 129 窟不空絹索觀音變，第 144、176 窟千手，第 176、358 窟如意輪觀音變的忿怒尊兩隻腳各踏一朵蓮花，一腿彎曲，一腿伸直，呈弓步姿勢。第 361 窟千鉢文殊變中，白色的牛成爲忿怒尊的坐騎。明王既要守護佛法，又要出擊殲滅邪魔，他們都有屬於自己的名稱和具有突出個性的形象特徵，但是經變畫中明王的形象都大致相同，手中把持的法器也是很隨意的，他們的身份很難一一確定。

吐蕃時期的密教菩薩經變是由主尊和四周的眷屬人物構成，經變畫以人物表現爲主體，裝飾的成分很少，突出了密教重偶像崇拜的特點。密教經典中涉及造像法的內容很多，對圖像的繪製和供養都有嚴格的儀軌。從以上陳述的圖像和人物來看，吐蕃時期的密教菩薩經變並未嚴格遵循經典。經變中的眷屬出自不同的經典，不同的主尊也可以擁有相同的眷屬，主尊和眷屬共同組成的圖像與經典的記載相去甚遠，究其原因可能有以下兩方面。

其一、吐蕃統治以前，敦煌地區流傳的密教來自中原，吐蕃統治之後切斷了中原和敦煌之間密切的往來關係，善無畏、金剛智、不空等人傳播的密宗未能及時在敦煌流佈，致使敦煌的密教處於持明密典和陀羅尼密典信仰階段，密教的信仰與修持是公開的，在儀軌方面不像密宗修持有嚴格的限制，圖像中人物的繪製也有些隨意。

其二、密教觀音的稱謂不同，事實上他們擁有相同的身份。密教是在大乘佛教的基礎上發展起來的，密教觀音也繼承了顯教觀音信仰的某些特質，神格高大的觀音多生出變化身是顯教觀音信仰中原本就有的內容。早期密教觀音信仰主要表現在觀音咒術。西域居士竺難提在東晉義熙元年（405）年來到中土，譯有《觀世音菩薩消伏毒害陀羅尼經》一卷，「釋尊說救護眾生及救苦難二咒，觀音說破惡業障消伏毒害陀羅尼咒一首」，「縱令有咒法，若不立本尊，則信仰不能熾。然而釋尊者，其劣應身有同於人間者，故禮其像而報恩謝德，乃可也，嚮之禱祥福，求禳災殃，則不可而。所以其不爲咒法之本尊而行，蓋在茲存焉，於是乎觀音等法乃興」。〔註 37〕這部經典是觀音咒法的開端，觀音由此成爲誦咒求願的本尊，成爲可以「向之禱祥福，求禳災殃」的重要人物。北周保定四年（564）優婆國闍那崛多譯出《十一面觀世音神咒經》，這是最早傳入中土的密教觀音。盛唐時期，千手觀音、不空絹索觀音、

〔註 37〕（日）大村西崖著：《密教發達志》，全國圖書館文獻微縮複製中心出版，2001 年，第 83～84 頁。

如意輪觀音等觀音咒法相繼傳入，密教觀音本尊變得豐富起來。他們的不同稱謂來自密教觀音各自不同的咒法名稱。大村西崖清楚地陳述了這一點，「不空絹索尚止咒明之名，而未爲尊名，後遂分化全成一尊，諸變化觀音之出，率皆如是。」〔註 38〕每位密教觀音說的咒法不同，在信仰中體現的功能有不同之處，也有許多相似的地方，經文中記載的儀軌、壇法、手印也有諸多相似性。即便每位觀音的起源不同，最終也擁有相同的身份，具有觀音大悲的特性，這些都足以使信眾把宣說不同咒語而有不同稱謂的觀音等同起來，在本尊四周繪製相同的眷屬。吐蕃後期才出現的千缽文殊變也順理成章地完全接受了密教觀音共同擁有的眷屬。

既然密教觀音都擁有相同的身份，爲他們配置相同的眷屬就不足爲怪，雖然與相關的經典記載有些差異，但卻實現了世俗信眾需要的信仰功能。敦煌文獻與密教觀音信仰有關的抄本中也有將不同密教觀音眷屬融匯在一起的內容。P.2153《觀世音菩薩如意輪陀羅尼章句咒並別行法》是摘取多種經典，結合密典軌法寫成，其中出現的尊神阿修羅、乾達婆、多聞天王、藥叉神、釋梵天王等見於菩提流志譯《如意輪陀羅尼經》，密迹金剛、摩醯遮，四大天王、江海神、樹林神、火神、風神、宅神等尊神則見於伽梵達摩譯《千手千眼大悲心陀羅尼》。B.7468《如意輪王摩尼別行印》抄錄了如意輪印結契法，其中招呼鬼神的方法與《千手經》「菩薩呼三十三天印」及「菩薩呼招天龍八部鬼神印」類似。〔註 39〕這些抄本都是中土人士的撰述，是他們對於密教菩薩的理解，這些眷屬出自哪部觀音經典並不重要，只要是密教觀音的眷屬，他們就可以出現在不同密教菩薩主尊的身邊，完成他們應有的職責和功能。密教菩薩經變中常常出現的眷屬是可以爲眾生去病除災，施與財富，護祐眾生獲得安樂祥福的人物，他們具有的這些信仰功能和主尊的信仰功能也是相一致的。《不空絹索神咒心經》、《觀世音菩薩秘密藏如意輪陀羅尼神咒經》、《千手經》等等都宣揚持誦觀音神咒可以消除一切惡業，治癒一切病痛，獲取無盡的財寶等等。可以保祐世俗信眾獲得與現實生活緊密相關的利益，符合了信眾祈盼「天成地平，河清海晏，五穀豐稔；年厢善盈，官不恩波，人民樂業」的願望。〔註 40〕在吐蕃人的統治下，漢族民眾的情感與意願表達

〔註 38〕（日）大村西崖著：《密教發達志》，第 169 頁。

〔註 39〕李小榮著：《敦煌密教文獻論稿》，人民文學出版社，2003 年，第 107～116 頁。

〔註 40〕P.3256《願文》，見楊富學、李吉和輯校：《漢文吐蕃史料輯校》，甘肅人民出

變得含蓄，並且轉移到佛教信仰上，通過信奉佛教尊神來表達現實的願望，這一點在敦煌文獻和石窟壁畫中都有體現。所以在盛唐晚期已有內容完備的密教圖像傳入敦煌的情況下，吐蕃時期的密教菩薩經變仍然未能原樣繼承之前的圖像樣式，而是根據世俗信仰的需要而加以改變。

第二節　吐蕃時期密教菩薩圖像的源流

初、盛唐時期，敦煌莫高窟第 321、331、334、340 窟出現了密教觀音像，第 148 窟繪製了完備的千手觀音變和如意輪觀音、不空絹索觀音造像龕。「此階段也正是敦煌與兩京地區往還密切的時期」，莫高窟受到了中原密教觀音菩薩信仰、造像活動以及造像樣式的影響。〔註 41〕據《賢者喜宴》記載，吐蕃松贊干布時期翻譯了觀世音菩薩顯密經典二十一部，這些經典論述觀世音菩薩的功德，以預言或授記的形式在吐蕃傳播。〔註 42〕《西藏王統記》記載泥婆羅工匠塑造了以松贊干布面容爲藍本的十一面聖觀音像。〔註 43〕從這些文獻的記載看，松贊干布時期的譯經和造像活動就確立了吐蕃本土以觀音菩薩爲本尊的信仰特徵，開始塑造密教觀音像。那麼吐蕃統治時期，敦煌莫高窟流傳的密教菩薩圖像是延續了盛唐以來的漢傳密教菩薩圖像樣式還是引入了吐蕃的圖像樣式？這是下文將要探討的問題。

一、延續漢地傳統的密教菩薩圖像

7 世紀前後，持明密教傳入中土並日漸興隆，外國僧人前來傳譯經典，中土僧人設壇弘揚，唐東西兩京成爲當時的密教信仰中心。唐太宗時敕大總持寺沙門智通譯《千眼千臂觀世音陀羅尼神咒經》，烏仗那國僧人達摩戰陀「於妙毯上畫一千臂菩薩像並本經咒進上。神皇令宮女繡成或使匠人畫出。流佈天下不墜靈姿。」〔註 44〕中印度僧人阿地瞿多爲「弘像教」於永徽三年

版社，1999 年。

〔註 41〕《敦煌莫高窟密教遺跡札記》，載宿白著：《中國石窟寺研究》，文物出版社，1996 年，第 282 頁。

〔註 42〕巴臥・祖拉陳哇著，黃顥譯：《賢者喜宴》摘譯（二），《西藏民族學院學報》（哲學社會科學版）1981 年第 1 期。

〔註 43〕索南堅贊著，劉立千譯：《西藏王統記》，民族出版社，2000 年，第十四章。

〔註 44〕智通本：《千眼千臂觀世音菩薩陀羅尼神咒經》序，《大正藏》第 20 冊，第 83 頁下。

（652）到達長安，受中土人士邀請，在慧日寺設壇灌頂傳法。此時，阿地瞿多所傳密法正是所謂的雜密，他所譯《陀羅尼集經》是一部持明密法的典籍，包括了十一面觀音諸法。唐高宗時期，阿地瞿多倍受崇信，他傳譯經典，作諸法事。兩京地區密教信仰興盛，既有密典傳譯，又有畫像流佈，在寺院壁畫和石窟造像中都反映出來。唐張懷瓘編撰的《畫斷》和張彥遠的《歷代名畫記》分別有尉遲乙僧在長安慈恩寺塔下南門畫千手千缽文殊，塔西面中間畫千手千眼菩薩的記載，被譽為「精妙之狀，不可名焉」。〔註 45〕龍門東山萬佛溝有千臂觀音像龕，觀音像已經不存，殘存石壁上雕刻的千手組成的圓形身光，身光下方兩側各有一身菩薩坐像（圖 39）。西山惠簡洞有十一面四臂觀音像龕、東山擂鼓臺北洞有浮雕十一面觀音像龕（圖 40），這幾處都是武周時期的密教造像遺跡。武太后在長安光宅寺建七寶臺，〔註 46〕此處遺存的十一面觀音像有七件，其中一件有長安三年（703）九月十五日七寶臺的督造者德感的題名，表明七寶臺是為武周國家敬造。〔註 47〕以上文獻記載或

圖 39
龍門東山萬佛溝
千手觀音像龕

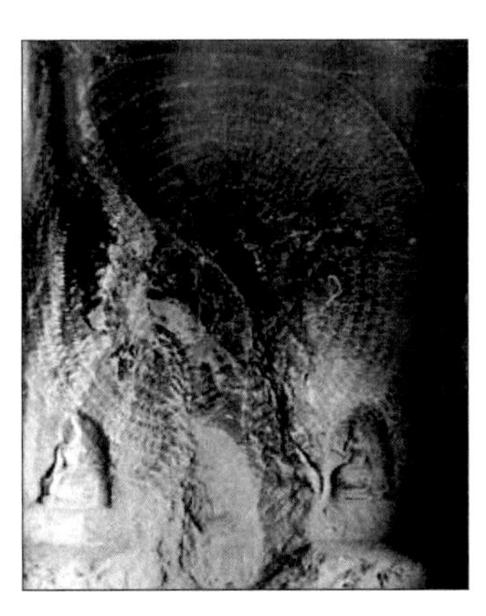

圖 40
擂鼓臺北洞十一面
觀音像頭部

圖 41
莫高窟第 340 窟
東壁十一面觀音像

〔註 45〕（唐）張彥遠著，俞劍華注釋：《歷代名畫記》，上海人民美術出版社，1964 年，第 172 頁。

〔註 46〕宋敏求：《長安志》卷八，《文津閣四庫全書》第 195 冊。《長安志》卷八記載，「橫街之北，光宅寺儀鳳二年，望氣者言，此坊有興氣。勒令掘得石盌，得舍利萬。遂於此地立為寺。武太后，始置七寶臺，因改寺額焉。」

〔註 47〕楊效俊：《長安光宅寺七寶臺浮雕石佛群像的風格、圖像及復原探討》，《考古與文物》2008 年第 5 期。

造像遺跡採用的都是單龕造像的方式，還沒有形成密教觀音經變。羅世平對唐代佛教造像有深入的研究，他指出「唐高宗武則天時期是唐代佛教造像藝術風格樣式形成的關鍵時期」，「京師長安是唐代造像樣式的首創之區，也是向四方傳播樣式的策源地。因此，長安地區的佛教造像樣式勢所必然地成爲有唐一代的主流樣式。」〔註 48〕龍門東山擂鼓臺、惠簡洞等龍門唐代造像的經典之作，都爲長安樣式提供了直接的參考。兩京地區盛行的密教造像影響到了西陲的造像勝地敦煌，「長安樣式」也是此處石窟造像參照的樣式。莫高窟初唐洞窟出現了密教觀音菩薩圖像，第 321、334、340 東壁門上都畫十一面觀音像都是單龕造像的樣式，與龍門遺存的密教菩薩單龕造像相似（圖 41）。這一時期，莫高窟密教觀音圖像的來源應該是兩京地區。

8 世紀初，印度僧人善無畏、金剛智傳來胎藏界和金剛界兩派密法，系統地翻譯了密教經典，包括大量念誦儀軌、尊形和壇場等內容。又經一行的弘揚，在中土形成密宗一派。唐玄宗天寶年間到德宗貞元年間（742～805）是密宗發展昌盛時期，金剛智弟子不空弘傳密宗，並得到唐帝王的支持，京都長安一度成爲東亞密教的中心，密教信仰從長安向全國各地流佈，遍及社會各階層。天寶十二年（753），受河西節度使哥舒翰的邀請，不空前往河西，住武威開元寺，設灌頂壇，開翻譯場，大事弘揚密法，對河西地區密法的傳播帶來了巨大的影響。在此時期，唐密教圖像逐漸完備，與兩京地區保持密切往來的敦煌莫高窟也出現了完備的密教造像龕，即盛唐末期第 148 窟首次出現如意輪觀音和不空絹索觀音造像龕以及千手千眼觀音變。

吐蕃佔領敦煌之後，敦煌與中原的往來斷絕，但是並未能阻止初、盛唐時期來源於唐朝的密教菩薩圖像繼續在敦煌流傳，一直延續到吐蕃後期。第 148 窟、第 176 窟和第 144 窟千手觀音變之間有明顯的傳承關係。盛唐 148 窟東壁門上是一鋪繪製精美的千手觀音經變，主尊位於畫面中央，四周有二十身眷屬圍繞。畫面原來的色彩已經完全氧化變色，人物造型和濃麗的色彩依然展現了當時成熟的畫藝。主尊結跏趺坐於仰蓮臺上，面部豐滿，略呈圓形，大耳垂肩，呈弧形的線條表現出雙肩的渾圓與優美。觀音頸部有三條玄紋，胸前有六隻大手，兩隻合十，兩隻手分別執青蓮和白蓮，兩隻手於腹前結禪定印，其餘的大手各執寶物。主尊背後是四層小手組成的圓形身光，因爲氧化變色，身光已經完全變黑，勾勒小手的紅色線條仍然清晰可見。波折

〔註 48〕羅世平：《四川唐代佛教造像與長安樣式》，載《文物》2000 年第 4 期。

圖 42　第 144 窟千手千眼觀音經變

起伏的線條勻稱勁健、自然流暢。整鋪經變極好地展現了畫工對線條和賦色的駕馭能力。這身主尊具有的特徵同樣體現在第 176 窟東壁門上補繪的觀音經變主尊身上。第 176 窟東壁門上補繪如意輪觀音變和千手觀音變各一鋪，觀音均爲坐姿，四周脅侍人物很少（圖 20、21）。經變以深色線條勾勒人物輪廓，強化其肢體結構，線內敷以亮麗柔和的膚色（因年久氧化已呈深色）。千手觀音的背光由千手紋組成，用極細的紅色鐵線描勾勒造型，與地色交互形成的緻密肌理構成了一個暖灰色的層次，襯托出中央的人物形象。衣飾、蓮臺等處又塗染石青顏色，使畫面產生冷暖對比，強化了視覺審美效果。主尊的面貌、身形、姿態都與 148 窟主尊極爲相似，主尊身後組成身光的小手的畫法也如出一轍。主尊下方左右兩側各有一身忿怒尊，他們身後燃燒著智慧的火焰，僅用如水波紋般流動的土紅色線條就生動地表現出極爲精彩的火焰紋。經變畫的人物很少，用色不及前代豐富，其它方面則毫不遜色，主尊形象完全承襲了盛唐時期的圖像樣式，繪畫技藝也沒有因爲戰亂而衰退，可見敦煌一地的繪畫工匠並沒有因爲戰亂而流失。第 144 窟是吐蕃後期索氏家族營建的家族大窟，東壁門南側畫千手觀音變，主尊四周的眷屬配置完備。設色以石青和土紅色爲主，整幅畫面色調明亮，表現出熱烈的氣氛。觀音主尊的形象與第 176 窟幾乎完全相同，勾勒小手的線條也沒有變化。主尊肌膚的顏色彩用了明暗過渡的手法描塗，使其富於立體感。主尊面部和身體肌膚在輪廓線邊緣部份施以較深的土紅色，向內逐漸變淺，強調圓渾凸起的立體感（圖 42）。

從盛唐末期第 148 窟到吐蕃後期第 144 窟，千手觀音變只在構圖上有些變化，第 148 窟是佈局在橫長方形的壁面內，主尊兩側的脅侍人物向兩側排列，吐蕃後期的經變畫都畫在豎長方形的壁面內，脅侍人物由上至下排列在主尊兩側。

1973 年，河南滎陽大海寺出土十八軀菩薩石造像，造像題記均爲長慶年間（821～824），是中原密教流佈時留下的造像遺跡，其中有十一面觀音像一軀（圖 43）。〔註 49〕這是一尊石刻十一面觀音立像，菩薩面型和身軀與莫高窟吐蕃時期的千手觀音形象明顯屬於同一圖像體系。

圖 43
河南滎陽大海寺
十一面觀音像

吐蕃窟中還流行如意輪觀音變、不空絹索觀音變及千缽文殊變，不同名號的密教菩薩主尊有各自易於辨識的特徵，不空絹索觀音肩批鹿皮，多臂如意輪觀音有一手上舉持寶輪、一手托腮做思維狀，千缽文殊的圓形背光則由托缽的千手環繞組成。他們的手姿、服飾裝扮有些差異，但是在形象與風格方面和千手觀音仍然是如出一轍。第 176 窟東壁門上補繪的千手觀音經變和如意輪觀音變各一鋪，兩身主尊的形象與繪畫風格毫無二致。第 358 窟東壁門兩側畫如意輪觀音經變和不空絹索觀音經變，兩身主尊的面貌、身材與千手觀音一脈相承，肌膚的表現同樣採用線條勾勒輪廓，再由外向內暈染的畫法（圖 44）。千手千缽文殊經變是吐蕃時期新出現的題材，第 144 窟東壁門北側主尊千缽文殊的形象和門南側的千手觀音完全相同，人物表現仍然以線條爲主，可能是爲了和相對應的千手觀音略有區別，主尊的肌膚不再設色疊染，身前和臂腕佩戴的飾物用石青色平塗，顯得異常突出。

四川地區唐代佛教造像以長安樣式爲主流的，受兩京地區密教造像的影響，留下了諸多密教造像遺跡。廣元千佛崖韋抗窟外西壁南側上方有天寶十一年（752）雕刻的如意輪觀音像一軀，巴中南龕第 16 窟正中鑿刻如意輪觀音像，觀音兩側有持劍和托塔的天王各一身，〔註 50〕丹棱鄭山盛唐千手觀音龕右壁雕

〔註 49〕參見河南省鄭州市博物館：《河南滎陽大海寺出土的石刻造像》，載《文物》1980 年第 3 期。

〔註 50〕廣元市文物管理所、中國社會科學院宗教所佛教室：《廣元千佛崖石窟調查記》，丁明夷：《川北石窟札記》，《文物》1990 年第 6 期。

刻如意輪觀音像一身，如意輪觀音均爲六臂，左上臂舉輪，右上臂托腮做思惟狀，其餘各臂或持物或結印（圖 45）。這些造像龕保存不完好，有的可能經後代重修，它們的存在依然可以作爲考察莫高窟密教觀音圖像來源的參考。

圖 44　第 358 窟如意輪觀音

圖 45　丹棱鄭山如意輪觀音

宿白先生曾經指出「中唐時期莫高窟的密教形象，無論因襲本地的盛唐因素，或是來自中原的新樣，都是一派唐風」，考察中原地區發現的中唐密教觀音變相，「其內容仍沿盛唐以來的密教傳統，所以與吐蕃統治下敦煌莫高窟的密教遺跡並無參差枘鑿」。〔註 51〕吐蕃時期，由中原佛教信仰中心傳播而來的密教觀音圖像依舊在敦煌地區流傳，圖像樣式及繪畫風格都未曾改變，即使不是同一批畫工所爲，也應該有相同的繪畫稿本在當地流傳，而且漢地傳統的密教觀音圖像體系在吐蕃窟中一直佔據著主要的地位，沒有因爲吐蕃人進入敦煌而發生徹底的改變。

除了圖像的比較之外，還可以從另外兩個方面輔助考察吐蕃時期密教觀音經變承襲漢傳密教圖像體系的可能性。首先是畫稿和畫工的問題。大曆十一年（776）年八月後不久，吐蕃軍隊圍困沙州，莫高窟的造像活動可能也因

〔註 51〕《敦煌莫高窟密教遺跡札記》，載宿白著：《中國石窟寺研究》，文物出版社，1996 年，第 285～286 頁。

此暫時停止。《新唐書・吐蕃傳》記載唐都知兵馬使閻朝帶領軍民死守沙州城十一年，直到「糧械皆竭」才以「苟毋徙它境」爲條件，讓吐蕃軍隊和平佔領沙州城。〔註 52〕沙州之地、平民百姓、世家大族都得以保全，同時保存下來的還有沙州的寺廟和僧尼，「吐蕃在進攻沙州期間熱衷於和平的建中會盟，其希望和平的理由之一可能是企圖爭取沙州的佛教界人士，以控制沙州不被破壞。」〔註 53〕吐蕃統治沙州初期，當地有寺院 13 所，僧尼 310 人，到吐蕃後期有寺院 16 所，僧尼 1000 人，比初期增加了很多。當地的寺廟和僧尼自始至終都是莫高窟石窟造像的組織者和參與者。第 158、359、361 窟等都有比丘或比丘尼供養像，他們站立在供養人行列的最前方。敦煌文書 P.2991《莫高窟塑畫功德贊文》、《報恩吉祥之窟記》、俄藏 дх.6065《乘恩等重修莫高窟彌勒像帖》等等，都記錄了吐蕃時期僧人參與建窟的事件。〔註 54〕馬德曾專門著文研究敦煌工匠，文中指出敦煌工匠中有一部份是僧侶，他們也要參加修造開窟等勞動，「這就使得敦煌僧侶中也出現了一批有一定技能的工匠，如畫匠、塑匠」。〔註 55〕那麼，吐蕃以前的畫稿和繪畫工匠都有可能依賴於寺廟而保存下來，畫稿和繪畫技藝得以繼續流傳。

其次是吐蕃時期的密教文獻。從已有的關於敦煌密教文獻的研究中得知，「敦煌所見的密教寫卷，眞正屬於純密的爲數並不多，大多是雜密抄卷。這表明隋唐五代至宋初的密教信仰中占主導地位的仍是雜密，而不是開元三大士所弘揚的密宗。」〔註 56〕「在當時敦煌地區所流行的密教信仰多爲早期的持明密教、中期的眞言乘及金剛乘，尤其是前者。而且以實用性的經咒、壇法爲主，而少義理的探討……」〔註 57〕無論是漢文還是古藏文文獻，吐蕃時期的密教文獻以陀羅尼密典和持明密典爲多數，此觀點基本得到了學界的認同。吐蕃人進入敦煌之後，持明密典在敦煌地區繼續弘揚，吐蕃窟中最流行的密教觀音經變依舊屬於持明類圖像，與初、盛唐窟中的密教觀音經變同屬於漢傳密教一系。

〔註 52〕陳國燦：《唐朝吐蕃陷落沙洲城的時間問題》，載《敦煌學輯刊》1985 年第 1 期。

〔註 53〕（日）山口瑞鳳：《敦煌的歷史・吐蕃統治時期》，載楊銘著：《吐蕃統治敦煌與吐蕃文書研究》，中國藏學出版社，2008 年，第 275 頁。

〔註 54〕馬德著：《敦煌莫高窟史研究》，甘肅教育出版社，1996 年，第四章。

〔註 55〕馬德著：《敦煌工匠史料》，甘肅人民出版社，1997 年，第 29 頁。

〔註 56〕李小榮著：《敦煌密教文獻論稿》，人民文學出版社，2003 年，第 3 頁。

〔註 57〕同上，第 20 頁。

同時，在吐蕃本土傳播的密教與敦煌地區並無太大差異。赤松德贊在位時，爲了鞏固其政權而積極求助於佛教，派遣使者前往印度和漢地求取佛經，在此期間，密教傳入吐蕃。據《賢者喜宴》記載，烏仗那的蓮花生第一次將密教傳入吐蕃，「爲降服吐蕃荒涼之地的妖魔，爲贊普建立佛法，爲建美好之吐蕃，爲吐蕃屬民之安樂而來」。〔註 58〕呂建福認爲「蓮花生時期在北印烏仗那一帶流傳的主要是持明密教和陀羅尼密教，他在吐蕃傳播的主要也應是持明密教。」〔註 59〕9 世紀初形成的《登迦目錄》記載的前弘期譯出的密典和陀羅尼以及敦煌遺書中的藏文密教經典都說明吐蕃本土密教傳播的情況與敦煌相一致，陀羅尼和持明密典傳播最爲廣泛。吐蕃後期，名揚敦煌的吐蕃高僧法成爲藏譯密典有卓著的貢獻。與千手觀音有關的經文在唐代多次譯出，智通本《千眼千臂觀世音菩薩陀羅尼神咒經》和伽梵達摩本《千手千眼觀世音菩薩廣大圓滿無礙大悲心陀羅尼經》在敦煌遺書中保存的抄本數量很多，二人的譯本都屬於持明密教的經典，吐蕃高僧法成據伽梵達摩本將其譯爲藏文。《不空絹索經》由隋闍那崛多譯出之後，至唐代又先後有六個譯本，敦煌遺書中保存有漢、藏文兩種語言文字的抄本。唐實叉難陀譯《觀世音菩薩秘密藏如意輪陀羅尼神咒經》是寫本數量保存較多的譯本，法成依據此漢譯本轉譯成藏文，可惜敦煌寫卷中未有保存。

通過圖像的比對和相關文獻的研究可以明確的是，因爲被吐蕃佔領，敦煌地區與中原的往來受阻，所以漢地佛教信仰和造像對敦煌一地不再可能產生及時的影響，再加上吐蕃本土與敦煌的密教信仰處於相同的階段，以傳持陀羅尼和持明密典爲主，致使盛唐以來莫高窟的密教觀音圖像繼續流傳，延續著盛唐遺風，延續著漢傳密教菩薩造像體系，並且佔據著主導者的地位。

二、外來的密教菩薩圖像

第 361 窟東壁門兩側分別畫千手觀音變和千缽文殊變，經變的圖像樣式無特別之處，主尊和脅侍人物、紋飾的造型、色彩等卻呈現出明顯的異域特徵（圖 46）。主尊的臉部略方，顯得結構分明，雙肩變寬，雙臂加粗壯，使得人物頭頸間關係更加符合解剖學，腰間誇張的弧度襯托出腰身的纖細。肌膚也採用渲染的方法表現出質感和體積感，並且有較爲明顯的如同西洋繪畫般

〔註 58〕巴臥·祖拉陳哇著，黃顥譯：《賢者喜宴》摘譯（六），《西藏民族學院學報》（哲學社會科學版）1982 年第 1 期，第 42 頁。

〔註 59〕呂建福著：《中國密教史》，中國社會科學出版社，1995 年，第 422 頁。

圖 46　第 361 窟千手觀音變和千缽文殊變

的虛實和色調表現。菩薩身上佩戴的瓔珞、臂腕釧等飾物的造型亦不同於中土的裝飾風格，胸前佩還戴長長的黑色珠串，即「禪思帶」，異常華麗。主尊身後還披有類似披巾的飾物，從菩薩的雙肩和手臂兩側可以看見披巾兩側上端和飄動的下擺，千手觀音的披巾爲白色，千缽文殊的披巾已經變色爲褐色。千手觀音有十一面，除了主尊的大臉之外，其餘的小臉五官已不清晰，只能看見頭上戴的寶冠，這是吐蕃時期唯一的一鋪十一面千手觀音。千缽文殊頭上戴著「山」字形寶冠。兩側脅侍人物各具姿態，十分生動，人物的動態表現與傳統方法的不同，注重身體、頭的轉、側方向，增加動感。經變中的主尊和配置的脅侍人物與其它密教菩薩經變沒有差異，但是人物形象很特別，主尊尤其突出，繪畫技法也有差異。主尊特殊的面貌和身材都告訴我們，他們不屬於吐蕃時期佔據主導地位的漢傳密教圖像體系，而是另有來源。

在榆林窟第 25 窟和敦煌藏經洞出土的吐蕃時期的絹畫中可以看到相似形象的人物。第 25 窟是吐蕃後期營建的洞窟，主室正壁中央畫一佛八菩薩一鋪，壁面南側殘損，僅殘餘主尊盧舍那佛、西側四身菩薩和一身藥師佛（圖 47）。主尊爲菩薩裝，他和四身菩薩的形象具有和第 361 窟千手觀音、千缽文殊相同的特點，方臉、寬肩、細腰、粗壯的雙臂，主尊和菩薩都佩戴有珠串組成的禪思帶，從背後繞過雙臂，垂於兩腿間。人物結構表現有外來特點，色彩的暈染又採用了中土的方法。一佛八菩薩圖像及其信仰在吐蕃統治時期才進入敦煌，它們出現在榆林窟和吐蕃人的活動密切相關，第 25 窟的圖像樣

圖 47　榆林 第 25 窟菩薩之一	圖 48　Ch.0074 阿彌陀八大菩薩圖	圖 49　Cxxxvii.004 菩薩（局部）

式可能來源於吐蕃地區或吐蕃管轄下的絲綢之路地區。〔註 60〕藏經洞出土有藏文題記的絹畫提供了可考察的材料。Ch.0074《阿彌陀八大菩薩圖》是 9 世紀初期的作品（圖 48），此幅絹畫的繪製水平遠不如第 361 窟和榆林 25 窟，菩薩裝的主尊佛和兩側的菩薩同樣具有方形臉、寬肩、細腰、戴「山」冠的特點，胸前佩戴禪思帶，從圖片上看似乎是由絲織物組成。畫面中保存了六條藏文榜題，是主尊兩側菩薩的名號，畫面最下方右側有一身吐蕃裝供養人像，這些內容都爲絹畫的繪製年代提供了可靠的證據。Ch.xxxvii.004 是一幅令人驚訝的精美作品，畫面上半部份表現的是藥師淨土，下半部份殘餘有千手觀音和如意輪觀音。藥師佛兩側的菩薩「體現的是藏族——尼泊爾繪畫風格」，而且此幅作品極有可能是藏文題記中的吐蕃僧人白央所畫。兩身菩薩的臉龐和身體都略微側向佛，與前面提到的菩薩形象類似，尤其是主尊右側的菩薩（圖 49）。絹畫中央有漢藏文題記，漢文題記中有紀年「丙辰歲九月癸卯朔十五日丁巳」（唐開成三年，836 年）。

以上列舉的圖像題材都不同，無論是壁畫還是絹畫，菩薩形象都具有相同的突出特徵，屬於同一圖像體系，也應該有相同的來源。已有的證據已經

〔註 60〕關於一佛八菩薩圖像的研究參見（日）田中公明著：《敦煌密教と美術》，株式會社法藏館，2000 年。陳粟裕：《榆林 25 窟一佛八菩薩圖像研究》，載《故宮博物院院刊》2009 年第 5 期。

表明，榆林窟第 25 窟一佛八菩薩、Ch.0074、Ch.xxxvii.004 都和吐蕃人有關，那麼可以確定第 361 窟千手觀音變和千缽文殊變也是因爲吐蕃人進入敦煌才出現的樣式。雖然不能說第 361 窟的兩鋪經變是吐蕃畫家的作品，但可以肯定的是它們參照了吐蕃傳來的圖像樣式。第 361 窟南壁阿彌陀經變下方、北壁藥師變下方供養比丘身後都有三身穿著吐蕃服飾的侍從，這些供養人像提示我們，可能有吐蕃人參與了建窟活動，或者爲建窟出謀劃策，或者是在蕃漢民族關係友好的吐蕃後期，漢人接受了吐蕃人傳播而來的樣式，使之進入到洞窟壁畫中。但是對外來樣式和風格的接受程度還是很有限的，吐蕃後期有密教菩薩經變 21 鋪，其中僅有兩鋪採用了外來的人物樣式。

第三節　吐蕃時期密教菩薩的信仰特點

吐蕃統治時期，莫高窟開始大量繪製密教菩薩經變。到吐蕃後期，密教菩薩經變固定繪製在東壁門兩側，並且形成不空絹索觀音經變和如意輪觀音經變，千手千眼觀音經變和千手千缽文殊經變對應佈局的現象。盛唐以來莫高窟流傳的漢傳密教觀音圖像樣式在吐蕃窟中仍然佔據著主流的地位，甚至影響到晚唐。吐蕃後期，源自吐蕃地區的圖像樣式也進入了莫高窟，雖然沒有被廣泛接受，但是石窟壁畫和絹畫的遺存證實了吐蕃藝術進入敦煌的事實。那麼，在蕃漢佛教藝術共同的作用下，吐蕃時期的密教菩薩信仰呈現出什麼樣的特點呢？本文以爲主要有以下幾方面：

一、密教觀音是蕃漢兩地共同尊崇的信仰對象。自西晉以來，觀音信仰就在古代中國廣爲流傳，並且深深地根植於社會之中，敦煌石窟中遺存的大量觀音造像是觀音信仰興盛的直接體現。初、盛唐時期密教觀音信仰傳入中國，漸漸流傳開來，與顯教觀音信仰並行不悖。再加上皇室成員的推崇，在龍門石窟、敦煌莫高窟都留下了初、盛唐時期的密教觀音造像遺跡，莫高窟盛唐晚期第 148 窟最爲壯觀，一窟之內出現了完整的千手千眼觀音經變和不空絹索觀音、如意輪觀音造像龕。密教觀音信仰在寫經中也有表現，P.2291 和 S.0509 是盛唐時期《千手經》的抄本，P.2291 有題記「開元二十七年（739）弟子王崇藝寫」，S.0509 題記寫「西涼府施主陰治榮寫記」。在吐蕃人進入之前，中原地區廣泛流傳的密教信仰和密教菩薩造像已經傳入敦煌地區。

密教觀音信仰在吐蕃本土異常突出，各種吐蕃文獻中都記載有與密教觀音信仰有關的傳說或事件。《西藏王統記》說「調化此邊地雪域者，即觀世音菩薩是也」，〔註 61〕吐蕃民族生活的雪域高原是觀音菩薩所化刹土。爲了教化雪域眾生，觀世音現眾多化身，十一面千手觀音就是化身之一。松贊干布時期委派屯米桑布紮迎請天竺、尼泊爾、漢地等四鄰賢者到吐蕃譯經，其中包括《十一面觀音經》《千手千眼觀世音陀羅尼》、《不空絹索經》等等密教觀音經典。〔註 62〕《西藏王統記》記載，爲了讓赤尊公主能順利修建寺廟，松贊干布請泥婆羅工匠以自己的面貌塑造十一面觀音像，在吐蕃臣民眼裏松贊干布正是觀世音菩薩化身的法王。松贊干布時期的譯經和造像活動已經確立了以觀音菩薩爲本尊的信仰特徵。在建造桑耶寺時，赤松德贊主張建造吐蕃風格的佛像，以體態美好、美貌的吐蕃人爲模式，塑造了阿雅波羅觀世音、六字觀音像等等。

前文已經提及吐蕃統治時期，敦煌和吐蕃本土的密教傳播處於相同的階段，陀羅尼和持明類密典流傳廣泛。吐蕃後期活躍在敦煌的吐蕃高僧法成將敦煌地區流行的多部持明類密教觀音經典翻譯成藏文，敦煌遺書至今還保存了許多密教觀音經典的藏文寫卷，法成翻譯的經典也說明蕃漢民族在密教觀音信仰方面是一致的。密教菩薩經變由此而成爲吐蕃時期倍受歡迎的經變題材。

二、尊崇不同密教菩薩本尊可以實現相同的信仰目的。吐蕃時期敦煌地區流行的各類密教觀音經典大都強調聽聞、受持、誦讀、書寫神咒，可以令受持者獲得無量無邊的功德，實現與現實生活密切相關的一切願望。《不空絹索神咒心經》、《觀世音菩薩秘密藏如意輪陀羅尼神咒經》、《千手經》等等都宣揚持誦觀音神咒可以滅除一切惡業，治癒一切病痛，獲得壽命無量，獲取財寶隨意受用，以及往生十方淨土或阿彌陀國淨土等等。傳爲不空譯《千缽經》也有往生淨土的說法，「菩薩證得寂靜慈者。於寂靜中不見苦惱。能導引蒼生令入淨土。」〔註 63〕而且如果能發廣弘大願造曼荼羅灌頂授法三摩地道場，可以獲得無量福德、「令國土安寧王當長壽」，「人民安樂風雨順時」等等，與其它觀音經宣揚的功德也類似。〔註 64〕吐蕃時期也流行抄寫神咒，寫卷 P.3835《不空絹索神咒心經》、《觀世音菩薩秘密藏無部（障）礙如意心輪

〔註 61〕索南堅贊著，劉立千譯：《西藏王統記》，民族出版社，2000 年，第 17 頁。

〔註 62〕巴臥・祖拉陳哇著，黃顥譯：《賢者喜宴》摘譯（二），載《西藏民族學院學報》（哲學社會科學版）1981 年第 1 期，第 4～5 頁。

〔註 63〕《千缽經》全名爲《大乘瑜伽金剛性海曼殊室利千臂千缽大教王經》，見《大正藏》第 20 冊，第 735 頁下。

〔註 64〕《大正藏》第 20 冊，第 751 頁中。

陀羅尼》、S.1405、S.1210《千手千眼觀世音菩薩廣大圓滿無礙大悲心陀羅尼》等等耗費大量的紙張和筆墨抄寫咒語，有的神咒是「不簡擇時日淨與不淨。若誦得已即有成驗」〔註 65〕，有的則需要在觀音像前完成法事才能實現願望。

三、密教菩薩經變可能被運用於一些信仰儀式當中。密教觀音經典中有許多修行儀軌方面的內容，有的儀軌壇法過於複雜，需要選擇專門的場地，而且要由咒師主持進行，洞窟的環境和密教菩薩經變所在的位置不適用於實施這一類修行儀軌。有的法事儀軌則較爲簡單，只需在尊像前誦咒供養即可完成，是適合在洞窟中實行的。例如智通本和菩提流志本《千手經》、李無諂譯《不空絹索陀羅尼經》都有畫像之法，在畫像完成之後需要舉行法事，「其像作成時。其畫匠及咒師恐多不如法。對象懺悔罪過。即安置壇中。即須做法設廣供養滿足三七日。千臂千眼觀世音像。必放大光明過於日月。」〔註 66〕菩提流志譯《如意輪陀羅尼經》說「若畫匠畫時。清淨澡浴著淨衣服。每日與授八戒齋法。如法畫飾。彩色筆盞皆淨好者。若畫飾已。明者淨浴著淨衣服。依法作治護身護伴。結界奉請香水供養。燒沈水香白檀香安悉香薰陸香。壇內聖觀自在前。」〔註 67〕吐蕃時期的密教菩薩經變均未能按照經文記載的畫像法如法繪製曼荼羅圖像，出現這樣的差異是意料之中的事，所以在畫像完成之後需要舉行簡單的供奉儀式，表示懺悔。

另一類儀式與供養人的求願有關。智通譯《千手經》有簡單的滅罪儀式，「用白檀作泥塗壇以種種花散彼壇內。佛前燒香然燈，即於佛前生恭敬心。觀世音菩薩而來入是壇內。當誦此陀羅尼一百八遍。是人一切罪障。五逆重罪悉皆消滅。身口意業皆得清淨。」〔註 68〕洞窟的環境也很適合舉行此儀式，既可在佛前燃燈供養，又可在千手觀音像前誦陀羅尼咒，達成祈求的願望。吐蕃時期的密教寫卷中也抄寫了一些法事儀軌的內容，P.3835、P.2799《觀世音菩薩秘密藏如意輪陀羅尼神咒經》是實叉難陀的譯本，「應以觀世音菩薩像前。香水作方壇縱廣四肘。用種種花置壇中。草木花但求可得者。燒白檀香取前丸藥著壇中。豎四幢張白幔蓋壇上懸四白幡。供養觀世音菩薩。然後誦心咒心中心咒各誦一百八遍。誦身咒一百八遍然白栴檀香散花。爾時

〔註 65〕《大正藏》第 20 冊，第 198 頁上。
〔註 66〕《大正藏》第 20 冊，第 87 頁中。
〔註 67〕《大正藏》第 20 冊，第 194 頁中。
〔註 68〕《大正藏》第 20 冊，第 85 頁上。

求願一切皆獲。取壇中藥帶。所嚮之處欲求皆得。」〔註 69〕眼藥品是此部經典的特色之一，「時觀世音菩薩憐愍眾生故。說眼藥法。」準備紅蓮花、青蓮花等各種物品，「觀世音像前和合。其前三咒各誦一千八遍。於一切眾生邊皆起慈悲心。著此藥置觀世音菩薩足下。然後觸著。即得用銅筋點藥著眼頭。治眼頭一切病。」〔註 70〕伽梵達摩譯本《千手千眼觀世音菩薩治病合藥經》是吐蕃時期流行的經典，法成將此譯本譯爲藏文，漢文寫卷保存的數量較多，P.3437、P.2291 題名爲《千手千眼大悲陀羅尼經》即是該經的抄本，抄寫了觀音像前的種種法事。「若有人等所求願。而欲請求觀世音自在菩薩摩訶薩者。取拙具羅香。咒三七遍燒。時觀世音菩薩必即到來。」「若有人等蠱毒所害者。取劫布羅香以和拙具羅香。各等以井花水一斗和大上。取煮半升去滓取汁。於千像前咒一百遍即差。」「若有人等邪惡怨敵以邪辭相謨傷害者。取淨土或麵或蠟捨。作彼惡人形象。放於千像前。取鑌鐵刀子。咒一百八遍。一咒一截。一稱其名，燒盡一百八段。彼人即歡喜修身厚重相愛恭敬。彼是無怨。」「若有人等於家內橫起災難者。取石榴枝等截一千段。兩頭塗蘇酪蜜。一咒一燒盡一千八遍。一切災難患悉皆除滅。要在千眼像前作之。」〔註 71〕這些法事簡單易行，不需要依靠法師前來設壇做法，供養人可以自行在觀音像前依法行事，誦讀神咒，實現求願和治療疾病的願望，密教菩薩經變正好適應了這些法事儀軌的需要。

四、吐蕃時期流行的密教觀音信仰中包含有護國思想。玄奘譯《不空絹索神咒心經》吐蕃時期的寫本有兩件 P.3835 和 P.3916，經文說「諸有國土王都城邑災難起時」，應結道場，燒香、燃燈、陳列美食供養，「其誦咒者。香湯沐浴著新淨衣。坐鮮潔座端身正念誦此咒心。主若志誠災難便息。」「欲護國宅使無災厄。應取蓮花一百八枚。各咒一遍投火壇內。供養賢聖。災厄並息國宅安隱。」受持者須在像前誦咒、行諸法事，「此觀自在大神咒。雖不受持但依前法誦必有驗。若能受持所作事業無不成辦。」〔註 72〕菩提流志譯《千手經》僅存 P.3538a，此譯本與藏譯本相同，經文宣說觀音神咒「能摧壞阿修羅軍護諸國邑。」〔註 73〕「若有他國侵擾盜賊逆亂而起來者。作前第一

〔註 69〕《大正藏》第 20 冊，第 199 頁上。
〔註 70〕黃永武博士主編：《敦煌寶藏》第 131 冊，第 233 頁。
〔註 71〕《大正藏》第 20 冊，第 103 頁下～104 頁中。
〔註 72〕《大正藏》第 20 冊，第 405 頁上。
〔註 73〕《大正藏》第 20 冊，第 97 頁下。

總攝身印咒一百八遍。令盜賊自然殄滅。」「若人急難他國相侵盜賊逆亂。當取五色縷以此咒。一咒一結滿二十一結繫於左臂。又以左手無名指中指頭指。把拳大拇指押上。展小指指所賊坊。誦咒一百八遍。悉皆退散不能爲害。」〔註 74〕智通本《千手經》中有相同的印法，具有護國抗敵的作用。這些法事也是簡便易行的，依法念誦咒語，配合適當的動作，就可以除敵護國。密教菩薩信仰中體現出的護國思想，與吐蕃時期的四天王信仰、金光明經信仰的護世護國的思想有相似之處，與發願文之類的佛事文書中表達的「國安人泰」、「護軍國以安人」、「興運慈悲，救人護國」等等思想是相一致的，符合了吐蕃統治下敦煌漢族民眾護國護世、嚮往和平安定以及心向唐朝的情結。

〔註 74〕《大正藏》第 20 冊，第 101 頁上。

第四章　金剛經變研究

從文獻的記載得知，金剛經變最早出現在唐朝，吳道子是目前已知的最早繪製金剛經變的唐代畫家。《歷代名畫記》卷 3 記載吳道子在淨土院內及南廊畫有兩鋪金剛經變，宋人范成大著《成都古寺名筆記》記載待詔左全在成都文殊閣院門連寺廊畫金剛經變驗二堵。敦煌莫高窟出現金剛經變的年代與吳畫金剛經變的年代接近，應該有來自中原的影響。莫高窟保存下來的金剛經變均爲唐代繪製，共有 18 鋪。盛唐第 31 窟最早出現了金剛經變，其餘 17 鋪是中、晚唐時期的作品。〔註 1〕吐蕃後期洞窟中繪有 8 鋪，第 144、145、147、236、240、359、361、369 窟內各有一鋪，第 236、240 窟經變殘損或漫漶，第 147、236、240 窟畫在北壁，其餘洞窟均畫在南壁。

吐蕃時期的金剛經變均以金剛法會爲中心構圖，法會由主尊和四周圍繞的菩薩、弟子、天王人物等等組成，法會以山水爲背景。法會四周繪製故事畫，故事畫的配置方式有多種樣式。吐蕃前期，第 154 窟金剛經變在法會兩側和下方的條幅內畫故事畫，這種構圖僅此一鋪；第 112 窟金剛經變在法會上方兩側和法會前繪製故事畫，吐蕃後期第 236、359、361、369 窟金剛經變沿用了相同的構圖。第 144、145、147、240 窟除了在法會前面畫一些故事畫之外，經變下方的屏風內也畫故事畫。和吐蕃前期的金剛經變相比，吐蕃後期經變中的內容更加豐富，第 144、145、359、361 窟金剛法會中畫出了佛殿建築，第 361 窟還將佛和兩身脅侍菩薩放置到三間四柱的佛殿中，佛座前有樂舞的場面，法會前方畫有蓮池。宮殿樓閣建築、八功德池、蓮花等等是淨土經變中常見的畫面，這些莊嚴佛之淨土的畫面都被挪用到金剛經變中。第

〔註 1〕參見敦煌研究院主編：《敦煌石窟全集・楞伽經卷》，商務印書館，2003 年。

145、147、369 窟金剛經變金剛法會中還出現了新樣式的脅侍菩薩。

本章將討論吐蕃後期脅侍菩薩新樣式及其來源，金剛經變故事畫內涵，以及吐蕃後期金剛經變圖像與信仰的關係等問題。

第一節　脅侍菩薩新樣式及其來源

第 145、147、369 窟三鋪金剛經變主尊兩側的脅侍菩薩形象很特殊，明顯不屬於漢傳佛教造像系統的菩薩圖像，他們突兀的插入到經變畫當中，異常突出，給原本和諧一致的畫面增添了變動的新因素和活潑的新氣息。

一、持金剛杵的金剛手菩薩

第 145、147 窟金剛經變中出現了手拿金剛杵的脅侍菩薩。第 145 窟南壁金剛經變主尊兩側的脅侍菩薩，結跏趺坐於蓮臺，頭帶「山」字形寶冠，頭後有圓形頭光，頭和肩膀向主尊一側傾斜，使上身呈現擺動之勢，似乎正隨著法會前伎樂吹奏的音樂而舞動，其形象富於動態的表現。從背後繞向在雙臂的帛巾在身體兩側誇張地飄舞，為菩薩的舞姿增添了韻律感和節奏感。主尊右側的菩薩左手伸向左側，手掌向上，掌心立雙頭三股金剛杵，右手放在右腿上，手肘向外。第 147 窟北壁金剛經變脅侍菩薩的裝扮與上述菩薩相同，菩薩的動態主要依靠舞動的帛巾來表現。主尊左側的菩薩左手在腹前持雙頭三股金剛杵，右手在胸前結印。

金剛杵是密教中廣泛使用的法器，它常常出現在密教修行的場所，例如千手千眼觀世音壇法，「次分第四院亦闊以肘。復於四面共分二十八隔。於一一隔皆畫開敷蓮花。又次第於一一蓮花臺上。各各皆畫金剛杵印三戟叉印。」「壇內外街等闊三寸。遍於界上皆豎頭畫金剛杵印。」〔註 2〕7 世紀中葉，金剛乘在南印度一帶興起，以「金剛」命名本宗、經典以及密法。普賢菩薩是金剛乘中具有重要地位的密教菩薩，是金剛類神祇之首的金剛薩埵（即金剛手）及忿怒形降三世明王的原體。不空譯《大樂金剛不空真實三昧耶經般若波羅蜜多理趣釋》說「金剛手菩薩摩訶薩者。此菩薩本是普賢。從毗盧遮那佛二手掌。親授五智金剛杵。即與灌頂。名之金剛手。」〔註 3〕《仁王護國

〔註 2〕菩提流志譯：《千手千眼觀世音菩薩姥陀羅尼》，《大正藏》第 20 冊，第 100 頁。

〔註 3〕《大正藏》第 19 冊，第 609 頁中、下。

般若波羅蜜多經陀羅尼念誦儀軌（出金剛瑜伽經）》說第一東方金剛手菩薩，「此金剛手即普賢菩薩也。手持金剛杵者。表起正智猶如金剛。能斷我法微細障故。依教令輪現作。」〔註 4〕法賢譯《佛說最上根本大樂金剛不空三昧大教王經》卷 7 說「金剛薩埵性，即是普賢身，亦為金剛主。」〔註 5〕依照經典的記載，第 145 和 147 窟金剛經變中手持金剛杵的菩薩可以確定為普賢菩薩，在金剛乘密教中稱為金剛手。在《法華經》和《華嚴經》中，普賢是顯教菩薩，因為發十大誓願而被信眾崇拜，莫高窟吐蕃洞窟中出現的《普賢化現圖》就是普賢信仰的體現。金剛乘依據瑜伽觀想中的神變原則，將顯教普賢菩薩改造為密教的金剛手，「將普賢行願表徵之菩提心與金剛薩埵表徵的普菩提心結合起來，顯密兩教菩薩統一於菩提心」。〔註 6〕

圖 50
藏經洞絹畫金剛手菩薩

藏經洞出土絹紙畫中也有手持金剛杵的菩薩。ch.lvi.002 是一幅條幅式的絹畫，菩薩立於蓮臺之上，右手施與願印，左手放置在腹前，掌中立三股金剛杵（圖 50）。菩薩形象完全是外來的樣式，頭戴三葉式寶冠，又被稱為三花式寶冠，由三片葉狀物組成「山」字形，「主要出現在吐蕃時期的衛藏地區，似只出現在拉薩大昭寺早期壁畫和查拉路甫石窟雕塑中。……這種三花式寶冠」。敦煌出現的三葉式寶冠是將三片葉狀物連接為一個整體，但仍然「屬於吐蕃時期衛藏的傳統樣式。」〔註 7〕英國探險家斯坦因在敦煌藏經洞保存的

〔註 4〕《大正藏》第 19 冊，第 514 頁上、中。

〔註 5〕《大正藏》第 8 冊，第 824 頁上。

〔註 6〕呂建福：《普賢菩薩與金剛乘》，載魏道儒主編：《普賢與中國文化》，中華書局，2006 年，第 292～293 頁。

〔註 7〕張亞莎著：《11 世紀西藏的佛教藝術——從札塘寺壁畫研究出發》，中國藏學出版社，2008 年，第 116 頁。

一個包裹中發現了包括 ch.lvi.002 在內的尺寸一致的長條狀絹畫，「這些絹畫相同的特徵足夠證明它們受到了印度晚期佛教藝術的直接影響，印度晚期的佛教藝術在恒河平原一帶流行，這種風格在尼泊爾以一種極爲保守的方式流傳。到達敦煌的影響直接來自南方，例如通過西藏，這是非常有可能的，出現在其中一幅絹畫上簡短的藏文文字，和另一幅絹畫上的疑似婆羅謎文字，顯然證明了這一點。至於材質、尺寸和附屬物品的設置方面和中國藝術作品是完全相同的，這是一點毫無疑義。」〔註 8〕斯坦因的認識有一定的合理性。ch.lvi.002 菩薩頭光一側的藏文文字說明此幅絹畫可能是吐蕃時期的作品，同一包裹內風格相近的其它絹畫也是相同時期的作品。ch.lvi.0028、ch.lvi.0031 是藏經洞出土的兩張紙畫，紙片呈三角形，兩身菩薩頭帶五葉寶冠，上身幾乎裸露，僅有一條裝飾圓點花紋的帛巾從左肩束至右腰，胸前裝飾複雜的瓔珞，珠串狀的禪思帶從雙肩垂至雙腿，下身穿帶網格花紋的褲裝。ch.lvi.0028 菩薩右手於胸前持金剛杵，左手於腹前持金剛鈴，ch.lvi.0031 右手於胸前持十字金剛杵（圖 51）。兩張紙畫完全採用了中國古代傳統的繪畫技藝，以線造型，再平塗色彩，而菩薩的形象又帶有強烈的異域風格。除了

圖 51　藏經洞紙畫持金剛杵的菩薩

〔註 8〕Sir Aurel Stein, SERINDIA, OXFORD UNIVERSITY PRESS, VOL. II TEXT, 1921. 第 862 頁。

面貌之外，菩薩的寶冠、裝束、身材等等各方面都和榆林第 25 窟正壁的菩薩有驚人的相似。如果說 ch.lvi.002 菩薩的形象完全是外來的，ch.lvi.0028、ch.lvi.0031 則帶有更多的本土特點。顯然這兩張紙畫繪畫技藝拙劣，但是它卻將外來的人物形象和傳統的繪畫技法結合在一起，證明外來的人物形象已經逐漸被接受，不變的是傳統的繪畫表現方式，從而賦予了兩張紙畫重要的價值。從其繪畫風格和樣式推測，它們的繪製年代可能與榆林第 25 窟相近或者更晚一些。

上述藏經洞絹紙畫上的金剛手菩薩與第 145、147 窟金剛經變中的金剛手菩薩在形象上並不是完全相同，除了手上拿的金剛杵之外，他們還具有其它一些共同特徵，例如身材、服飾、佩戴珠串裝禪思帶等等，他們的共同特徵說明吐蕃時期有外來的圖像樣式傳入到敦煌，並出現了與本土的圖像樣式、繪畫技藝融合的現象。

二、持智劍的文殊菩薩

第 145 窟金剛經變主尊左側的菩薩右手持劍，寶劍從右下腹指向左肩，左手放置在腹前，身體兩側的帛巾對稱舞動，菩薩似乎正持劍舞蹈。不空譯《金剛頂經瑜伽文殊師利菩薩法》說「於曼荼羅中。畫文殊師利五髻童子形狀。身如鬱金色。種種瓔珞莊嚴其身。右手把金剛劍左手把梵夾。坐於月輪中。」〔註 9〕《仁王護國般若波羅蜜多經陀羅尼念誦儀軌（出金剛瑜伽經）》說西方金剛利菩薩，即文殊菩薩，「手持金剛劍放金色光。與四俱胝菩薩往護其國。解曰言金剛利者。如彼經云文殊師利菩薩也。依前法輪現勝妙身。正智圓滿得自在故。手持金剛劍者。示其所作能斷自他俱生障故。」〔註 10〕《金剛頂經瑜伽文殊師利菩薩供養儀軌》中多處提到想文殊智劍，「想其智劍漸漸變成文殊師利童真菩薩。具大威德身種種瓔珞。頂想五髻。右手持智劍左手執青蓮華。」〔註 11〕利劍成爲文殊在金剛界曼荼羅中的三昧耶形，此造型在藏傳佛教造像中一直被沿用。從經典的記載看，金剛經變中右手持劍的菩薩應該是文殊菩薩。文殊手持大智慧劍勝大煩惱，爲一切眾生斷除「生死絹網堅牢縛」，「離苦速證菩提處」。〔註 12〕

〔註 9〕《大正藏》第 20 冊，第 705 頁上。
〔註 10〕《大正藏》第 19 冊，第 514 頁中。
〔註 11〕《大正藏》第 20 冊，第 719 頁中。
〔註 12〕《大正藏》第 16 冊，第 413 頁中。

吐蕃窟中文殊信仰很盛行，常見的是龕外側壁騎獅的文殊像，第 159、231 窟龕外北側的文殊雙手持長柄如意，第 147 窟龕外北側的文殊右手托玻璃圓形缽，手中持劍的文殊菩薩較爲罕見。前文已經提到，在斯坦因發現 ch.lvi.002 的包裹中還有風格一致的其它絹畫，而且可能是同一時期繪製的作品，ch.lvi.009、ch.xxvi.a.007 是其中的兩幅（圖 52），兩身菩薩均爲立像，以右手持利劍，ch.xxvi.a.007 菩薩胸前佩戴珠串狀禪思帶。斯坦因從絹畫的特徵和肌膚色彩斷定這是兩身文殊菩薩。〔註 13〕這兩幅絹畫也幫助我們進一步確認第 145 窟金剛經變中持劍的菩薩是文殊菩薩。

圖 52　藏經洞絹畫文殊菩薩

吐蕃窟中文殊和普賢信仰流行，文殊像和普賢像總是對應出現的一組人物。第 145 窟金剛經變主尊佛右側是手拿金剛杵的金剛手菩薩，也就是普賢菩薩，那麼佛的左側安置文殊菩薩正是常見的尊像配置方式。

三、持蓮花的觀音菩薩

第 369 窟南壁金剛經變中脅侍菩薩是金剛法會中最突出的人物，他們的形象和周圍的人物迥異（圖 53）。菩薩頭戴華麗的寶冠，佛右側的菩薩頭冠似由三片葉狀物組成，兩片在下，一片在上，仍然組成「山」字形。頭髮披在雙肩，頸部及胸前裝飾瓔珞。胸前佩戴珠串狀禪思帶，一直垂到蓮座，並纏繞在放在蓮臺的足上。頭後畫彩條紋馬蹄形頭光，頭光最外圈呈桃尖形。菩薩的肩膀向主尊一側傾斜，外側的肩膀略微抬高，身體有扭動之勢。菩薩腰

〔註 13〕Sir Aurel Stein, SERINDIA, OXFORD UNIVERSITY PRESS, VOL. II TEXT, 1921. 第 862 頁。

身纖細修長，使雙肩看起來很寬。菩薩爲散跏趺坐姿，下身穿褲裝，一條腿放在蓮座上，一條腿向下擱在蓮瓣上。菩薩均一手持長枝蓮花，一手施與願印，彎曲的蓮枝、白色的花瓣爲菩薩嫵媚且柔美的整體形象增加了韻味。

圖 53　第 369 窟南壁金剛經變局部

吐蕃時期，立姿或坐姿手持蓮花的菩薩廣泛流行。和 ch.lvi.002 一起被發現的絹畫 ch.lvi.003、ch.lvi.004 均畫一身手拿蓮花的菩薩，菩薩頭戴三葉式寶冠，均右手持長枝蓮花，左手或施無畏印，或施與願印。斯坦因認爲這是兩身觀音菩薩（圖 54）。謝繼勝在一篇研究論文中記述了四川石渠查拉姆摩崖石刻三身尊像，是 8 世紀後半葉的作品，主尊兩側是手持蓮花的脅侍菩薩立像，據此判定爲蓮花手觀音，並且還指出，此造像風格與敦煌菩薩相似。〔註 14〕阿里地區發現的「觀音造像碑」也是吐蕃時期的石刻圖像，石碑上線刻觀音立像，觀音頭上的三葉冠與敦煌絹畫有些類似。觀音左手於胸前持蓮花，右手施與願印。〔註 15〕無論是絹畫還是石刻雕像都說明了手持蓮花的觀音像在

〔註 14〕謝繼勝：《川青藏交界地區藏傳摩崖石刻造像與題記分析——兼論吐蕃時期大日如來和八大菩薩造像淵源》，載《中國藏學》2009 年第 1 期。

〔註 15〕「觀音造像碑」碑側刻有藏文題記，「南無觀世音菩薩，願除盡罪孽，增益福澤，清除二障，福智圓滿。願我祥・卓・赤贊札貢布傑並無計眾生同成至上

吐蕃時期的流行程度。第 369 窟金剛經變脅侍菩薩與上述菩薩的樣式略有些差異，但是手持蓮花的方式和手印都是極爲相似的，由此可以確定這是兩身觀音菩薩。

圖 54
藏經洞絹畫手持蓮花的觀音菩薩

四、脅侍菩薩新樣式的來源

第 145、147、369 窟金剛經變脅侍菩薩具有一些相似的特徵，如寬肩細腰、幾乎完全袒露上身、動態的姿勢，戴呈「山」字狀的寶冠。同時他們又有各自不同的特點，第 145、147 窟金剛經變脅侍菩薩頭戴的寶冠由大小不同寶珠組成，相同樣式的寶冠在吐蕃後期許多經變畫的菩薩頭上都可以見到，例如第 231 窟南壁觀無量壽經變、第 141 窟東壁門南側天請問經變。在身體兩側舞動的帛巾尤其顯眼，第 141 窟東壁門南側天請問經變、第 159 窟南壁觀無量壽經變脅侍菩薩、第 133 窟南壁彌勒經變下方菩薩的帛巾都以相同的方式表現，人物動態特徵突出。第 369 窟金剛經變脅侍菩薩從人物形象到服飾裝扮具有更明顯的外來特徵。胸前佩戴長珠串狀禪思帶，相同樣式的禪思帶出現在許多脅侍菩薩的身上。例如榆林窟第 25 窟正壁菩薩、第 361 窟東壁千手觀音和千缽文殊、第 231 窟南壁觀無量壽經變菩薩、第 159 窟北壁天請問經變菩薩、絹畫 ch.xxvi.a.007、紙畫 ch.lvi.0028 和 ch.lvi.0031 等等，可能是吐蕃後期菩薩身上流行的裝飾物。脅侍菩薩頭後的馬蹄形彩條紋頭光也是新穎的樣式，與榆林窟第 25 窟、第 231 窟觀無量壽經變以及第 220 窟甬道小龕內菩薩的頭光樣式相同。菩薩下身穿著褲裝，同樣的裝束還見於

佛。」從藏文的文體和風格判斷，是赤松德贊至赤熱巴巾時期的作品。見《中國藏傳佛教雕塑全集》第 5 卷石雕，北京美術攝影出版社，2002 年。

榆林第 25 窟及絹畫 ch.lvi.0028、ch.lvi.0031、ch.xxvi.a.007。

毫無疑問，在吐蕃時期，有外來的菩薩新樣式進入到莫高窟壁畫當中，在吐蕃後期經變畫中更爲頻繁地出現。這些新樣式的菩薩和榆林窟第 25 窟正壁菩薩、帶有藏文題記的絹畫菩薩有相同的特徵，和吐蕃後期密教菩薩經變中的新樣式也有些關聯，和吐蕃本土爲數不多的藝術遺存也有關係，這些相關因素都將新樣式菩薩的來源指向吐蕃。從以上圖像的分析和比較來看，可以肯定新樣式的菩薩是因爲吐蕃人的到來，他們將自己喜好的神祇形象帶到了敦煌，並且進入到經變畫當中，而吐蕃後期蕃漢民族融合的關係帶來更多文化的交流，是佛畫人物新樣式順利進入經變畫的途徑。

經變畫脅侍菩薩身上呈現出的外來特徵程度各不相同，第 369 窟金剛經變、第 231 窟南壁觀無量壽經變、榆林窟第 25 窟正壁的菩薩完全是外來的形象，具有突出的外來特徵，這一類菩薩在經變畫中的數量不是很多。與第 145、147 窟金剛經變脅侍菩薩形象類似的菩薩數量更多，他們身上只具有某些外來特徵。無論是外來新樣式的菩薩還是具有某些外來特徵的菩薩都說明吐蕃人帶來的新樣式菩薩已經被接納，被接納的方式是在經變畫中佔據了局部的位置，將其混雜在漢傳佛教造像的圖像中，完全採用外來人物樣式繪製整鋪經變的現象在吐蕃時期極爲少見。

自北朝時期開始，敦煌就成爲了西北邊地重要的佛教信仰中心，佛教信仰滲透到社會生活的方方面面，在各類佛事文書中的記載就是最直接的體現，而敦煌的佛教信仰是依賴於漢文化這一主流文化形成的。吐蕃統治了敦煌 60 餘年，吐蕃人帶來的文化影響並未能改變敦煌以漢文化爲主流的狀況，在莫高窟壁畫中直觀地呈現了這一狀況。吐蕃後期，在唐蕃通好、敦煌地區蕃漢民族關係融洽的歷史背景下，漢族民族敞開了自己的胸懷，在更大的範圍內接受了吐蕃民俗以及吐蕃人傳播而來的藝術，和穿著吐蕃服飾的人物一樣，新樣式菩薩進入到經變畫當中，但也是在改變中被接受，或者有限制地接受。

第二節　金剛經變故事畫

《金剛經》是般若經典的代表，宣揚般若性空思想。經文以須菩提與釋迦牟尼佛問答的形式展開，經文僅有 5000 餘字。鳩摩羅什譯本的最後一首偈語「一切有爲法，如夢幻泡影。如露亦如電，應作如是觀」，表達了經文的基本思想，意思是說世界上的一切事物都是無常的。經文的敘述並沒有很強的故事性。經變金剛法會四周或經變畫下方的屏風畫內畫有諸多的小型說法圖，在沒有榜題的情況下無法判斷小說法圖的具體意義。也許是爲了增加經變畫的吸引力。法會四周也繪製了一些故事畫，盡可能地將經文中帶有情節性的敘述用故事化的畫面來表現。在將文字轉換爲圖像的過程中，圖像強化了文字的故事性，經文中包含的義理則無法準確表達，還有可能削弱了經文傳遞的主旨思想。本節將對經變中帶有情節的故事畫進行討論，從中可以看到吐蕃時期《金剛經》信仰特點，以及文字表達與圖像表現之間的差距。

一、法會起緣的因由——舍衛城乞食圖

經文開篇說「如是我聞：一時，佛在舍衛國祇樹給孤獨園，與大比丘眾千二百五十人俱。爾時，世尊食時，著衣持缽，入舍衛大城乞食。於其城中，次第乞已，還至本處。飯食訖，收衣缽，洗足已，敷座而坐。」〔註 16〕經文以簡潔的語言描述了佛開始講經之前的事，經變抓住了有時間順序的情節以入舍衛城乞食、飯食、洗足、敷座等四個場景生動地表現了「法會因由分」的

圖 55　第 359 窟金剛經變舍衛城乞食

〔註 16〕《金剛經》引文均見《大正藏》第 8 冊，第 748～752 頁。

內容，其中入舍衛城乞食是表現最多的場景，第 112、154、144、145、236、359、361 窟金剛經變都有繪製，表現的內容大致相同。吐蕃前期第 154 窟金剛經變右下角畫出舍衛城城牆、門樓，佛和隨行的菩薩在城門外，正前往乞食。吐蕃後期，這一場景的表現更加詳細。圖 55 是第 359 窟南壁金剛經變入舍衛城乞食圖，畫面左邊是樓閣高聳的舍衛城，佛和弟子行至城門前，有人走出城門，雙手捧飯食，恭敬地施與佛。在宮牆的側面是乞食完畢正返回衹園的佛和弟子。第 359 和 361 窟在歸途中的佛和弟子面前畫有一身小孩，雙手捧物向佛走來，這是經文中沒有的內容。

佛原本是金剛之身，實無食事，假借乞食向有情眾生示現，為世人獲取福田。經變故事畫又為何在其中加入了乞食完畢歸途中遇見童子供奉的情節呢？《阿育王傳》卷 1 施土本緣、《法苑珠林》卷 43 育王部、《佛祖統紀》卷 34 都記載了佛入王舍城乞食，途中遇見小兒，小兒以土或細沙為麥供奉世尊的故事。佛面帶微笑告訴阿難：

「佛言我若涅槃百年之後。此小兒者當作轉輪聖王四分之一。於花氏城作政法王號阿恕伽。分我舍利而作八萬四千寶塔饒益眾生。」(《阿育王傳》)〔註 17〕

「我滅度百年之後。此童子於巴連弗邑統領一方為轉輪王。姓孔雀。名阿育。正法治化。又復廣布我舍利。當造八萬四千法王之塔安樂無量眾生。」(《法苑珠林》)〔註 18〕

「世尊微笑告阿難曰。我滅百年。此童子統領一方為轉輪王。姓孔雀。名阿育。正法治化。廣布我舍利。造八萬四千法王之塔。」(《佛祖統紀》卷 34)〔註 19〕

以上典籍中記載的故事略有差異，故事結尾卻完全相同，說為世尊獻上以沙為麥的童子是阿育王，那麼舍衛城乞食圖中的童子就應該是阿育王。童子在玩耍之中被佛莊嚴的相好所吸引，心中升起供養的念頭，他的至誠供奉之心勝過了散亂不淨心供養的美味，而獲得福報成為聖王。加入小孩奉佛的情節首先是增加了畫面的故事性，與上方城門施食的情節形成對比，以此來強調受持誦讀《金剛經》的虔誠行為，至誠的信仰之心帶來的是無邊無量的

〔註 17〕《大正藏》第 50 冊，第 99 頁下。「阿恕伽」即阿育王，見丁保福編《佛學大辭典》，上海書店，1991 年。

〔註 18〕《大正藏》第 53 冊，第 620 頁上。

〔註 19〕《大正藏》第 49 冊，第 327 頁下。

功德和不可思議的果報。

二、修忍行慈——忍辱圖和歌利王本生

第 145、147、236、359、361 窟金剛經變故事畫中都出現了這樣的畫面，一人坐在矮方几上，手捧經卷，身前或身後有一人正揮拳欲打誦讀經書的人，有的方幾前還有一位被打倒在地聽經的人。第 144 窟忍辱圖旁保存了部份題記，「須菩提忍辱般若密不說／非……故須菩提……」經變用戲劇性的場景表達了經文「須菩提！忍辱波羅蜜，如來說非忍辱波羅蜜」的意義。吐蕃時期的名僧曇曠曾在長安西明寺專攻《大乘起信論》和《金剛般若經》，學成返回河西後撰寫了《金剛般若旨贊》。他在贊文中宣說信仰《金剛經》，依經修行忍辱之行，「如所能忍由依眞境而行眞忍。即是波羅蜜清淨善根體。是故經云忍辱波羅蜜。後句令如所證眞境離其忍相。由離相故。即是彼岸德不可量。是最勝義。能離我相及嗔恚相無苦惱相。不但無苦並有慈悲共樂和合。由是等故經言即非忍辱等也。」〔註 20〕忍受苦行，獲取善根，是最勝之義，遠離諸相，則是不可等量的福德。要將如此意義的經文轉換爲圖像，實屬不易，畫面的表現遠比經文本身簡單了許多。

爲了強調修行忍辱的眞境，經變中畫出了歌利王本生故事，講述歌利王拔劍割截在山中修行忍行慈的羼提僊人。此本生故事畫最早出現在克孜爾石窟中，僅以一幅圖畫來表現整個故事，第 38、114 窟主室券頂的菱形方塊內分別畫不同的場景。第 38 窟畫羼提波梨坐在修行的草廬外，迦利王右手握劍，左手把劍鞘站在一旁，羼提波利從容伸出雙臂，雙手已被割斷（圖 56）。第 114 窟畫迦利王和羼提僊人，王正怒目拔劍，羼提波利則伸出雙手等待被割截。畫面中僊人和國王兩

圖 56　克孜爾第 38 窟歌利王本生

〔註 20〕《大正藏》第 85 冊，第 92 頁下。

個人物形象的大小幾乎相同，都是故事的主要角色。莫高窟金剛經變中的歌利王本生故事畫和克孜爾完全不同，第 144 窟金剛經變屏風畫中有榜題「須菩提如我昔爲歌利王割□／身體我於爾時無／我相」，由此而知經變依據這一句經文繪製了歌利王本生故事畫。第 154 窟金剛經變法會左側的條幅內用一個場景表現了歌利王本生故事。歌利王戴進賢冠、穿長袍、騎著白馬站在一旁，王和站在一側的侍從正在觀看另外三位侍從割截僊人，他們一人抓住僊人的頭髮，一人抓住僊人的腿，一人舉起右手揚起刀正欲砍割，僊人的腿上已經流出了鮮血。到吐蕃後期，金剛經變歌利王本生故事畫演變成兩個場景。第 359 窟金剛經變法會下方畫歌利王本生，故事畫中依然畫出城的一角，歌利王和兩位侍從騎馬走出城門，前往山林間。歌利王騎白馬走在中間，兩侍從一前一後騎黑馬或褐色馬，突出了王的尊貴地位（圖 57）。上方山間平地處，兩位侍從各自抓住僊人的手臂，其中一位正在割截僊人，歌利王騎著白馬在一旁駐足觀看。畫面利用低矮起伏的山巒間隔兩個場景，又將它們連接爲一個整體，人物和馬的動態向觀者示意了兩個場景的觀看順序。歌利王的服飾和白馬坐騎使他成爲是故事畫中最突出的人物，因爲畫面色彩變淡，需要仔細辨認才能看到被割截的羼提僊人，其它洞窟中也有類似的現象。

圖 57　第 359 窟金剛經變歌利王本生

《金剛經》沒有講述歌利王本生故事，只有「如我昔爲歌利王割截身體，……我於往昔節節支解時，……又念過去於五百世作忍辱僊人，……」這樣的字句，經變依據其它的經典繪製了故事畫。慧覺等譯《賢愚經》卷 2「羼提波梨品」、鳩摩羅什譯《大智度論》卷 14「釋初品中」、竺弗念譯《出曜經》卷 23「泥洹品」、康僧會《六度集經》卷 5「忍辱度無極章」都記載了歌利王本生故事。〔註 21〕前三部經典記載的故事內容大致相同，講述國王和群臣、婇女入山遊觀，婇女見端坐思惟的羼提波利而心生敬意，並聽他說法，國王見狀用利劍割羼提波利耳鼻，斷其手足，羼提僊人不因此而瞋怒，堅持修忍行慈的行爲令國王大爲震驚。《六度集經》卷 5 記「昔者菩薩。時爲梵志。名羼提和。處在山澤。樹下精思。……其王名迦梨。入山畋獵。馳逐麋鹿。尋其足跡歷菩薩前。王問道士。獸跡歷茲。」〔註 22〕羼提不願虐殺不仁，與王同罪，王因此而怒，拔劍斷僊人手足、截耳鼻。對比經典和經變故事畫，故事畫中並未出現國王攜帶婇女出行的場面，將故事畫的第一個場景解釋爲國王攜帶侍從出行狩獵更爲恰當。《六度集經》的記載與吐蕃時期金剛經變歌利王本生故事畫更爲接近。

《金剛經》提及歌利王和忍辱僊人，《六度集經》的經典講述歌利王本生故事，一方面是讚揚了佛的前身累世修行之不易，另一方面更爲重要的是宣揚忍辱的思想。吐蕃時期流傳的《金剛經》注疏是極爲重視修忍行的。曇曠在《金剛般若旨贊》中對忍辱僊人能忍被王割截身體之苦而不生瞋心的行爲大加讚歎，忍辱僊人忍受割截極度之苦，「以無我相而能發心修忍行等。別苦忍者。謂即此餘二想二忍各依境生。各離相故。今此欲令離總苦想故。以總忍而爲對治。故說應離一切諸相發菩提心。即以諦察無我理故。能離我等三種苦想。發心修行忍波羅蜜故。」〔註 23〕吐蕃後期敦煌流行宣講《御注金剛波羅蜜經宣演》，此文同樣耗費了不少的筆墨宣講修忍的福德，與曇曠的思想契合。〔註 24〕歌利王本生故事畫的畫意應該是用來提示信眾，發心修忍行，

〔註 21〕歌利王又名迦利王，忍辱僊人又名羼提波利，佛經中說羼提波利是佛的前身。
〔註 22〕《大正藏》第 3 冊，第 25 頁上。
〔註 23〕《大正藏》第 85 冊，第 93 頁中。
〔註 24〕P.2132 卷後記載了四次聽講唐道氤集《御注金剛波羅蜜經宣演》的時間，有三次都在九世紀初期，分別爲貞元十九年（803），癸未年（803），庚申年（810）。參見見方廣錩：《敦煌文獻中的〈金剛經〉及其注疏》，載《世界宗教研究》1995 年第 1 期。

發心離一切相，最終獲得清淨善根，彼岸功德不可量。克孜爾的歌利王本生故事畫面簡單，卻抓住了故事的核心，準確地表達了修行忍辱的思想。金剛經變借用其它經典的記載畫出了較完整的歌利王本生故事，畫面強調故事情節的發展，歌利王成為故事畫的主角，羼提僊人忍辱的行為則顯得不那麼突出。畫工為了渲染故事情節，滿足故事情節趣味性的表現，經文及注疏宣揚的忍辱思想在文字與圖像的轉換中被減弱了。

三、法施勝財施——布施圖

第144、361窟金剛經變左上角有這樣的畫面，長方形的條桌上擺滿了布匹、器皿及其它珍寶，條桌後站著一男子，似乎是這些物品的主人，條桌前有二、三人正隨意拿走條桌上的物品（圖 58）。布施者昂首挺胸地站在條桌一側，被施者則卑躬屈膝地接受施捨。在沒有榜題的情況下很難斷定此圖表現的是經文中哪部份的內容，因為《金剛經》中反覆強調：

圖 58　第 361 窟金剛經變布施圖

「若人滿三千大千世界七寶以用布施，是人所得福德，寧為多不？……是福德是非福德，是故如來說福德多。……若復有人，於此經中受持，乃至四句偈等，為他人說，其福勝彼。」

「若有善男子、善女人，以七寶滿爾所恒河沙數三千大千世界，以用布施，得福多不？……甚多，……若善男子、善女人，於此經中，乃至受持四句偈等，為他人說，而此福德勝前福德。」

大乘佛教有「六波羅蜜」，即六種修行成道的方法，布施居於首位。布施又有三種，一是資生施，即以資財資助他人；二是無畏施，即以慈愛安助他人；三是法施，即以善法渡濟他人。這三種布施又名修行住，都將獲得果報，如果是爲了得到果報，那只能是「住相行」，布施者心有污垢，行爲不精淳。如果不求果報而布施的行爲，稱爲「不住行」，於現生、來世都將獲得最勝果報。就如經文中說「菩薩於法，應無所住，行於布施，所謂不住色布施，不住聲香味觸法布施。須菩提！菩薩應如是布施，不住於相。……若菩薩不住相布施，其福德不可思量。」曇曠的贊文解釋說「若爾應名金剛布施。……施爲萬行之初。粗而易習。智爲百法之極。勝而難成。」「若恒沙世界珍寶滿其中。以施諸如來。不然如一法。寶雖無量不如一法施。一偈福尚勝。況多難思議。既攝勝福故持四句。所生福德勝施福也。」以無盡的珍寶布施固然可以獲取福報，但是布施財物是易行的簡單行爲，布施無量的財寶遠不及受持此經，以法奉佛。布施圖表現的還是以財物布施簡單畫面，並未能表現出經文中宣揚的法施勝於財施的道理。

四、見塔如見法——供養金剛塔

第 144、145、236、359、361 窟金剛經變法會下方或屏風畫中畫有寶塔，寶塔四周有比丘或世俗人雙手合十，繞塔禮拜，或者伏地跪拜。經文有兩處提到供養佛塔廟，「隨說是經，乃至四句偈等，當知此處一切世間天、人、阿修羅，皆應供養，如佛塔廟，何況有人盡能受持誦讀。」「在在處處，若有此經，一切世間人、天、阿修羅，所應供養；當知此處，則爲是塔，皆應恭敬，作禮圍繞，以諸香華而散其處。」在道氤集《御注金剛波羅蜜經宣演》和曇曠《金剛般若旨贊》中都將供養佛塔廟稱爲「天供養」，因爲塔是諸佛遺像之所在也，聞經如同見佛，所以經之所在處同於塔廟遺像，作禮圍繞，示尊敬之意，華香散灑，表清淨信之心。「於中以花縵等供養恭敬禮拜右繞」可以獲福德，以此意推之，經講經之處都是值得尊崇的地方，更何況是依經修持的人，必然成就勝德，而且勝過布施獲得的福報。處處供養修持《金剛經》的人必然成就無量的功德。經變畫中的比丘和世俗人供養、禮拜寶塔就是爲了敦勸觀者受持信仰《金剛經》，以塔喻經，希望處處受人供養。

第三節　吐蕃時期的《金剛經》信仰

吐蕃時期的《金剛經》信仰與曇曠、摩訶衍等僧人的傳法行爲以及發生在吐蕃本土的僧諍事件有密切的關係。《金剛經》漢文譯本在 8 世紀中期傳入吐蕃，桑耶寺僧人桑西在 754 年前後和 767 年曾兩度入唐，攜帶佛典返回吐蕃，其中就有《金剛經》。〔註 25〕敦煌文獻中也保存有藏譯本《金剛經》，這些寫本與敦煌流行的鳩摩羅什的譯本有較大差異，更爲接近菩提流志或義淨的譯本，〔註 26〕寫卷的存在說明敦煌也有修持《金剛經》的吐蕃人。曇曠是曾在長安修學的唯識宗僧人，安史之亂之後回到河西注疏傳法。他因身體原因未能接受吐蕃贊普的邀請前往吐蕃，爲回答贊普關於佛法的一些問題，他寫下了著名的《大乘二十二問》，正是爲解決贊普對於頓、漸教義之爭的困惑。曇曠還撰寫了《金剛經》注疏《金剛般若旨贊》，敦煌文獻中保存了 10 餘號寫卷，他對經文的理解有其獨特的一面。在曇曠之後，禪宗僧人摩訶衍前往藏地，他在吐蕃傳播的禪宗思想吸引了眾多的信仰者，王室、貴族成員也追隨摩訶衍修習禪法。摩訶衍的傳法行爲引起了在吐蕃的印度僧人的不滿。爲此吐蕃贊普赤松德贊親自主持了漢族僧人和印度僧人之間的大辯論，此事件發生在 8 世紀末期。辯論結束之後，摩訶衍未能取得主導地位，只好返回河西。吐蕃時期佛教界的著名人士王錫爲此事件寫下了《大乘頓悟正理決》，此文多處引用《金剛經》、《楞伽經》等禪宗經典闡述摩訶衍的思想。從僧諍事件和曇曠、摩訶衍的身上可以看到，當時的學問僧對《金剛經》的信仰重點在於義理的研究。《金剛經》義理及其信仰也受到寺院僧人的重視。唐道氤著《御注金剛般若蜜多經宣演》，自稱是唐開元二十三年（735）玄宗御注《金剛經》，他因此而作《宣演》。S.4052、P.2132 兩份《宣演》寫卷均有題記，S.4052 題記「大曆九年（774）年六月十三日，於沙州龍興寺講（必）畢記之」P.2132 有四條題記，年代分別爲建中四年（783）、貞元十九年（803）、癸未年（803）年、庚申年（810），都是在聽經以後寫下的筆記。這兩份寫卷反映出 9 世紀前後，由中原傳來的《金剛經》注疏本是敦煌僧團講經反覆採用的本子。

禪宗在敦煌傳播，禪宗經典《金剛經》受到學問高僧的重視，也促成了《金剛經》信仰在下層僧尼或世俗信仰者中間傳播，但是他們的信仰內容與學問僧在義理上的探討有明顯的差異。世俗信仰《金剛經》的方式之一是抄寫經卷，S.3485《金剛般若經》題記「王土渾爲闔家平善、國下（不）擾亂敬寫。」北柰字 42 號《金剛經陀羅尼咒》題記「爲正比丘尼寫《法華經》一部、

〔註 25〕參見（日）原田覺著，李德龍譯：《吐蕃譯經史》，載《國外藏學研究譯文集》第十一輯，西藏人民出版社，1994 年。

〔註 26〕王堯：《漢藏佛典對勘釋讀之二——金剛經》，《西藏研究》1989 年第 2 期。

寫《金光明經》一部，《金剛經》一卷。已上寫經功德，回施正比丘尼。承此功德，願生西方，見諸佛，聞正法，悟無生。」吐蕃時期的僧人姚和尚創作了《金剛五禮》，是一篇適合大眾共修的禮懺文。此文以禮佛（法身、報身、化身）和禮法（金剛般若）爲禮拜對象，以禮懺的形式來弘揚金剛般若。爲了擴大影響層面，或者爲了適應大眾信仰的需求，懺文中又加入了彌勒、彌陀淨土信仰的內容，如「懺悔六根罪，速見彌陀佛」，「至心歸命禮阿彌陀佛」，「弟子發弘願／受持《金剛經》／上報四重恩／下濟三徒（塗）苦／若有見聞者／願發菩提心／盡此一報身／同生彌勒國」等等發願偈或迴向偈。〔註 27〕下層僧尼和世俗信眾抄寫、信奉《金剛經》是爲實現家國平安、往生淨土等世俗需求，與《金剛經》的義理相去甚遠。圖繪金剛經變是世俗信仰《金剛經》的另一種方式。

《金剛經》文字簡短，語言淺顯，其中幾乎沒有故事性的內容，包含的佛理卻較爲深奧，要將經文轉換爲圖像，同時又能傳達出《金剛經》的主旨思想是極爲困難的。從上節故事畫的分析可以看到，經變抓住了經文中略帶情節性的文字，並且參考了其它相關的經文來圖繪故事畫，使畫面變得生動有趣。歌利王本生、修行忍辱、供養金剛寶塔等畫面故事趣味較濃，很容易辨認，而且被布置在金剛法會的下方，是最適合觀者閱讀的位置，它們也成爲辨認金剛經變的標誌性畫面，但是這些故事畫並未能完滿的表現經文的思想。從《金剛經》的寫經題記到經變的故事畫都可以看到，受吐蕃前期著名學問僧人看重的《金剛經》義學探討在世俗信眾那裏都有所忽視，他們卻重視抄寫經文、圖繪經變的行爲，這些行爲就是信仰、供奉《金剛經》，在一定程度上和信仰其它經典沒有太大的差異。

〔註27〕汪娟：《敦煌寫本〈金剛五禮〉研究》，載《敦煌學》第二十輯，1995 年 12 月，第 69～87 頁。

第五章　報恩經變研究

敦煌莫高窟於盛唐時開始圖繪報恩經變，之後一直流傳至五代。經變畫的依據是《大方便佛報恩經》，經文有七卷九品，其中序品、孝養品、論議品、惡友品和親近品等五品進入到經變畫中，經文中講述的故事是經變表現的重點內容。〔註 1〕盛唐第 148 窟甬道頂及兩披畫孝養品和惡友品兩品故事畫，盛唐第 31 窟北壁畫報恩經變，由說法圖和兩側的故事畫組成，圖繪了序品、孝養品、惡友品等三品內容。吐蕃時期，報恩經變在洞窟流行起來，吐蕃前期第 112、154 窟、吐蕃後期第 141、144、145、147、231、238 窟均有報恩經變，經變的內容增加到四品，主要表現宣揚孝養父母、知恩報恩的故事。

吐蕃時期的報恩經變都以說法圖為中心，表現佛在王舍城耆闍崛山中說法。和盛唐報恩經變不同，法會均以山水為背景，第 154、144、145、231 窟將法會設置在佛殿建築前面的平臺上，法會前方有七寶池、八功德水，池中蓮花盛開，與淨土經變類似。經變故事畫配置在法會四周，主要三種樣式。第一類在法會上方兩側及法會下方配置故事畫。這類構圖最早出現在第 112 窟，第 144、145 窟沿用了此構圖，但是在經變畫下方增加了屏風畫，繪製更多的故事畫。第二類在法會兩側的條幅內繪製故事畫，最早出現在第 154 窟，第 141 窟只保留了法會右側的條幅故事畫，在經變畫下方也增加了屏風故事畫。第三類是龕內屏風畫，第 147、231、238 窟西壁龕內分別繪製有報恩經變屏風故事畫。

《報恩經》每品由諸多的故事組成，經變畫僅僅選取其中的一個故事來

〔註 1〕《大方便佛報恩經》，見《大正藏》第 3 冊，本緣部，第 124～166 頁。

表現，大多採用多幅畫面或者是連環畫的方式來講述故事。法會是報恩經變的中心，經變四周的故事畫卻比法會更加生動有趣。吐蕃時期的報恩經變未能保存榜題，需要依靠畫面表達的情節來辨識故事畫的內容，因此在以前的研究中對部份畫面的辨識不夠準確。本章將解讀報恩經變經品故事畫，探討吐蕃時期報恩信仰的特點。

第一節　報恩經變故事畫

一、序品——婆羅門子孝養父母

序品是《報恩經》緣起部份，經變以法會和婆羅門子孝養父母的故事來表現此品的內容。第 154、141、231 窟僅繪製法會，第 112、144、145 窟繪製了法會和故事畫。報恩經變法會與淨土類經變的說法圖相似，佛居於畫面的中心，菩薩、弟子、天龍八部等圍繞左右，佛座前的平臺上有伎樂吹奏樂器，表演舞蹈，表現佛在王舍城耆闍崛山，「與大比丘眾二萬八千人俱」。法會的下方中央畫序品婆羅門子孝養父母故事畫。經文故事講述了婆羅門子孝養父母，在外乞得好食就供奉給父母，乞得惡食就自己食用，阿難行乞路遇此人頌偈讚歎。六師黨徒見狀則訓斥阿難，說阿難的祖師釋迦是惡人、不孝人，因為他出生七日「其母命終」，他逾城出宮，使得父王苦惱。阿難聽此話心生慚愧，向佛請教「佛法之中。頗有孝養父母耶？」因此緣起佛才召集大眾說《大方便佛報恩經》。第 112 窟報恩經變法會下部份壁畫受損，僅能看見婆羅門子背負老母乞食。第 144 和第 145 窟報恩經變序品故事畫相似，但與第 112 窟不同。第 144 窟報恩經變法會下方的故事畫可分割成五個部份（圖 59），①有三人，中間一人背負老人，前後兩人正在向③中的布施者跪拜感謝。②是阿難受六師訓斥的情景，穿袈裟的是阿難，其餘四人是六師黨徒。盛唐第 148 窟、晚唐第 85 窟及五代第 98 窟都用一幅畫面來表現婆羅門子負母乞食、阿難乞食遇婆羅門子、六師黨徒訓斥阿難，第 144、145 窟將故事分成了兩個畫面，中間還有榜題分隔，不仔細查看，難以將兩幅畫面聯繫在一起。

二、孝養品——須闍提太子本生

孝養品，經品名稱已說明此品講述的內容與孝養有關。經文中講述了須闍提太子孝養父母的故事，也是經變畫樂於表現的故事。此故事也見於《賢

圖 59 第 144 窟報恩經變局部

④ | ② | ① | ⑤ | ③

愚經》卷一須闍提品。須闍提的父王遭遇大乘起兵反叛，不得不帶王后、太子逃往他國，逃亡途中三人誤入險道。因爲糧食已盡，父王欲殺王后挽救自己和太子的生命，太子勸阻父王並割自己的肉供父母食用，致使國王夫婦最終到達鄰國。太子孝養父母的行爲受到天帝釋的保祐，身體恢復如初。鄰國國王聽到太子捨身供養父母的孝養行爲而被感動，即出兵討伐叛賊，須闍提奪回失去的國土並登上王位。從盛唐開始，報恩經變就熱衷於繪製須闍提太子本生，吐蕃後期第 141、144、145、231 報恩經變或第 147 窟龕內屏風畫都畫有此故事，第 144、145 窟畫在法會下方，第 141、231 窟採用條幅畫在法會的一側。

吐蕃後期，第 231 窟表現了完整的須闍提太子本生故事。畫面按照經文講述的故事情節由上向下的繪製，到達壁面下端時，畫面改變了敘述故事的方向，轉而從中央向側面發展，圖 60 的箭頭標明了畫面情節的發展方向。①畫面的最上方是須闍提太子居住的波羅奈國，國王坐在城內的宮殿內。看守宮殿的天神乘雲前來報告大臣謀反之事。②城牆外搭有白色的木梯，有人正在翻越牆頭沿木梯而下，有人正在木梯下等候，木梯旁放置有包袱。此處表現的是國王攜帶王后、太子逾城出逃。第①②兩個部份被組織在同一幅畫面內，強調故事情節的連續性，並且增加了翻越城牆的內容，給畫面增添了緊張的氣氛，在其它相同題材的壁畫中未能見到同樣的畫面，大多只畫國王帶領二人走出城門。接下來的情節都發生在崎嶇不平的山路之間，畫面呈「之」字形佈局，既表現了逃亡的艱苦歷程，又給畫面帶來了錯落有致的生動視覺效果。③三人在逃亡的山路上，誤入十四日行程的遠道，國王隨身佩劍，走在最前面。④國王夫婦席地而坐，王子坐在崖邊舉劍割肉。⑤太子雙手捧盤，供養父母。⑥太子已經無力行走，奄奄一息，躺在地上，國王夫婦回頭張望，依依不捨地與王子告別。⑦三隻野獸將太子團團圍住，張牙舞爪。這是天帝釋化身的虎狼，前來考驗太子。⑧國王夫婦到達鄰國，向國王說「上事姻緣，如吾子身肉孝養父母，其事如是。」⑨鄰國國王「感須闍提太子難捨能捨，身體肉血供養父母。感其慈孝故」，起兵討彼伐羅睺，並前往山間尋找太子屍骨。⑩眾人遇見太子「身體平復，端正異常」，國王一家人團聚，太子向國王講述遇天帝釋而得以存活。

圖 60

第 231 窟報恩經變須闍提太子本生

按照閱讀畫面的連貫性，故事畫的情節從上往下繪製，到達壁面下端時，就應該順勢轉向觀者的左邊，但是壁畫卻沒有如此佈局，這是為什麼呢？從整鋪經變的佈局可以看到，畫工在設計劃面的構圖時，除了要有序地講述故事之外，考慮整鋪經變畫的對稱關係似乎更為重要。莫高窟盛唐以來的經變畫大多強調對稱構圖，「一佛二菩薩的對稱構圖是全畫的主旋律，其餘部份如建築、平臺、華蓋及其它菩薩、伎樂都以此為中心作對稱的安排」，壁畫本身需要這種穩定性，同時也使畫面產生莊重神聖的氛圍。〔註 2〕除了經變畫的主體部份追求對稱構圖之外，和經變畫主體結合在一起的經變故事畫或者在經變畫主體兩側的條幅式故事畫也儘量做到對稱。第 231 窟須闍提太子本生故事畫就是為了追求對

〔註 2〕蕭默著：《敦煌建築研究》，機械工業出版社，2003 年，第 266 頁。

稱構圖，而放棄了按照觀看的慣性連續繪製故事畫的構圖。經變法會下方中央是榜題塊，現在已經看不到文字。榜題左側是論議品鹿母夫人本生故事結尾部份，畫鹿母夫人與國王坐在宮殿內。爲了與榜題左側的宮殿建築對稱，榜題右側也畫出宮殿建築，兩座宮殿的建築形制、佈局幾乎完全相同。爲了實現對稱佈局，畫工寧願捨棄故事畫的連續性，或許這是敦煌壁畫繪製的一貫原則，即觀看的需要服從繪畫構圖的需要。

畫工追求畫面佈局的對稱效果也是爲了滿足觀者的視覺需求，以及宗教繪畫需要的莊嚴感。第 231 窟是一座大型洞窟，主室平面深度和寬度有 6 米多，壁面高近 5 米。畫在東壁門南側的報恩經變是一鋪大型的經變畫，即便有充足的光線照進主室，觀者也很難從上往下清楚地閱讀孝養品的故事情節。當觀者走近時，只能看到法會下方部份的壁畫，遠觀時則能目睹整鋪經變，因此，整齊、穩定的視覺效果，莊重神聖的氛圍，這些遠比讓供養人有條理的觀看畫面更爲重要。

圖 61　第 144 窟北壁報恩經變孝養品

第 141 窟南壁東側畫報恩經變一鋪，因洞窟較小，只在經變東側畫條幅故事畫，畫出須闍提太子本生故事的前半部份，從上至下畫國王帶王后及太子出逃，至太子割肉供養父母，畫面的佈局及表現方式與第 231 窟類似。第 144、145 窟孝養品畫得更爲很簡略，僅畫一幅小畫面表現一段故事情節。第 144 窟法會下方右側宮殿建築，國王坐在宮殿內，宮殿外有天神坐在雲頭（圖 61）。此畫面與圖 60 情節①相似，只是沒有畫出城牆，同樣也是表現守護宮殿的天神乘雲前來告知國王大臣欲起兵「謀奪國位」，奉勸國王速去逃命。〔註 3〕第 145 窟法會下方右側畫須闍提太子坐在岩石上，因割肉供養父母自己無力再往前行走，他的旁邊是兇惡的虎狼。

〔註 3〕《敦煌石窟全集・報恩經畫卷》未能辨認出此情節。見《敦煌石窟全集・報恩經畫卷》，第 102 頁。

除了第 231 窟之外，其它洞窟的報恩經變都未能畫出完整的須闍提太子本生故事畫，在壁面空間有限的情況下，畫工根據壁面的大小較爲隨意地繪製了故事畫中的部份情節。

三、論議品——鹿母夫人本生

此經品講述了忍辱太子和鹿母夫人本生故事，經變畫選擇繪製後者爲論議品的代表。《雜寶藏經》中有蓮花夫人品及鹿女夫人緣品記載的故事，與鹿母夫人本生故事雷同。吐蕃時期第 112、154、144、145、147、231 窟報恩經變都繪製了論議品鹿母夫人本生故事，第 112 窟畫在法會上方兩側，第 144、145 窟在法會上方兩側及下方都畫有相關故事情節，第 147 窟西壁龕正壁的兩扇屏風內畫此本生故事，第 154 窟畫在法會一側的條幅內，第 231 窟沿用了這種構圖方式，並且畫出了完整的鹿母夫人本生故事。

李永寧在《報恩經和莫高窟壁畫報恩經變》一文中詳細地分析了第 231 窟報恩經變鹿母夫人本生故事畫，與孝養品須闍提太子本生故事一樣，畫面呈「之」字形從上往下繪製故事情節（圖 62）。〔註 4〕講述的故事情節如下：①聖遊居山有僊人修行，南窟僊人在泉邊便溺，②雌鹿來此處飲水後懷孕，③產下鹿女。④南窟僊人將鹿女帶回家撫養，鹿女漸漸長大。⑤一天，鹿女不小心將火種熄滅，南窟僊人斥責鹿女並要他去北窟僊人那裏求取火種。⑥北窟僊人見鹿女足下步步生蓮花，要求鹿女繞窟七圈才給與火種。⑦前往山中打獵的國王見到蓮花圍繞北窟，甚是喜歡，北窟僊人

圖 62
第 231 窟報恩經變論議品示意圖

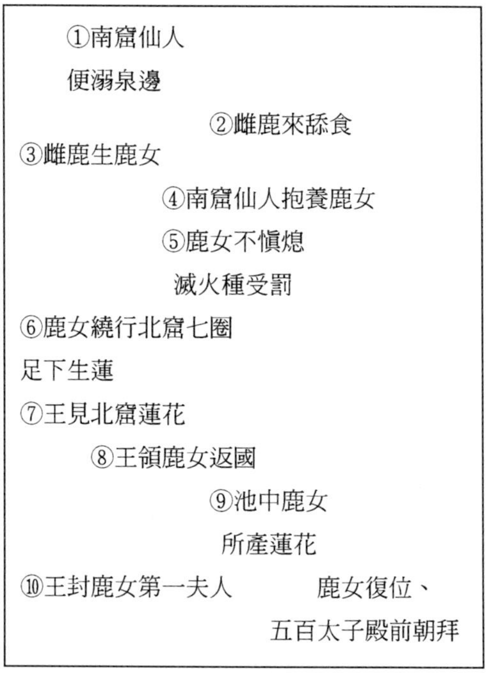

①南窟仙人
便溺泉邊
②雌鹿來舔食
③雌鹿生鹿女
④南窟仙人抱養鹿女
⑤鹿女不愼熄
滅火種受罰
⑥鹿女繞行北窟七圈
足下生蓮
⑦王見北窟蓮花
⑧王領鹿女返國
⑨池中鹿女
所產蓮花
⑩王封鹿女第一夫人
鹿女復位、
五百太子殿前朝拜

〔註 4〕李永寧：《報恩經和敦煌壁畫報恩經變》，載敦煌文物研究所編著：《中國石窟・敦煌莫高窟》第四卷，文物出版社，1987 年。

告知是鹿女足下生出的蓮花。⑧國王前往南窟求取鹿女，並迎娶鹿女回宮，奉爲第一夫人。⑨不久鹿女產下一朵蓮花，國王大怒趕走鹿女。國王在園中遊玩，見池中蓮花紅赤，有妙光明，派使者取出蓮花，蓮花有五百葉，每葉下有一童男。⑩國王醒悟五百童男是鹿女所生，心生懺悔，迎請鹿女復位。經變故事畫到此結尾，而經文講述的故事並沒有結束，五百太子都出家，並修得辟支佛道，鹿母夫人日日在家供養。鹿母夫人就是釋迦的母親摩耶夫人，因「供養五百辟支佛，及修無量善業，是故今身者得生如來身」。這是佛爲大眾講述此故事的原因。

第 144 窟北壁報恩經變在法會上方兩側及法會下方畫論議品鹿母夫人本生，畫面分成了三個片段，圖 63 ①雌鹿飲水受孕，產下鹿女。②畫鹿女去北窟僊人處求取火種，繞窟行走，足下生蓮花。③法會下方左側的兩幅畫面也是論議品的內容。上一幅畫面畫池中有一朵大蓮花，一位使者站在水中，表現在池中撈取發出紅赤光明的蓮花的情景。下一幅畫面畫國王及鹿女坐在宮殿內，臺階下是前來跪拜的太子，表現鹿女復位的情節。第 145 窟北壁報恩經變論議品繪製的內容和位置與第 144 窟相同。

圖 63　第 144 窟報恩經變論議品

①

②

③

第 144、145 窟論議品都沒有畫出完整的故事，畫出的情節畫面之間也不連貫，在法會上方兩側畫鹿母夫人本生故事的前半部份內容，和吐蕃前期第 112 窟相同。第 144、145 窟法會下方畫鹿母夫人本生故事結尾部份的畫面似乎也是考慮到畫面佈局的對稱，畫國王鹿女坐在宮殿內，正好和法會下方右側分別畫有孝養品和惡友品故事畫中的宮殿建築對稱。

四、惡友品——善友太子本生

《報恩經·惡友品》講述的善友太子本生和《賢愚經》卷九善友太子入海品的故事內容相近，此故事在吐蕃時期很受歡迎，第 154、144、145、231 窟中都有繪製。第 144、145、231 窟都將惡友品畫在了經變下方的屏風畫中。位於經變畫下方的屏風畫保存情況不是很好，靠近地面部份的壁畫都有些漫漶，因此只能辨認屏風畫中的部份情節，無法完整地辨析故事畫的內容，難以對故事情節進行一一解讀。晚唐第 85 窟南壁畫報恩經變，法會下方左側畫出了較完整的惡友品，表現了善友太子入海尋寶至求得如意珠歸國的情節，經變中保存了較完整的榜題，為辨識畫面提供了方便。〔註 5〕

在實地考察時發現，第 144、145 窟法會下方有一幅畫面是惡友品的內容，而且與序品婆羅門子背負母親乞食的畫面結合在（圖 59 ⑤）。圖 59 ⑤中有四人，兩位身穿寬袖長袍，身材高大的那位是善友太子，畫面用人物的大小、身高的不同、服飾的優劣來標明人物身份的高低，這是中國古代人物畫慣用的表現方式。兩位身邊各有一位侍者，手捧施捨的物品。經文中說善友太子出城觀看，見有鳥啄食耕地中的蟲子，男女辛苦耕地織作，有人屠殺牛馬、網鳥捕魚，「如是諸事，以供衣食」，太子見諸事悲傷流淚，「世間眾生，造諸惡本。眾苦不息，憂愁不悅。」太子回到宮中向父王請求「願欲得父王一切庫藏，所有財寶飲食，用施一切。」隨即打開庫藏，隨意施捨，聲名遠揚八方。圖 59 ⑤表現的就是經文中講述的施捨情節，第 145 窟報恩經變法會下方相同的位置也有類似的畫面。晚唐第 85 窟法會下方有兩幅畫面表現善友太子施捨的情節。第一幅是太子和手捧施捨物的侍從走向宮殿外。第二幅在宮殿大門外，太子騎著馬，兩側各有一位侍從，一位背著施捨的物品，太子面前有三位接受施捨的人，他們屈膝弓腰，既表現了他們地位低下，也表達了他們接受施捨的感激之情。兩幅畫面之間有榜題「尒時施主還到其家，便換惡者，所簡衣服飯食而皆施捨之。」（圖 64）〔註 6〕施捨圖的左側是阿難路遇婆羅門子的情節。第 144、145 窟施捨的畫面與第 85 窟相似，不同之處是太子沒有騎馬，只是在侍從的陪同下前來施捨。可以確定，第 144、145 窟報恩經變法會下方畫有惡友品太子施捨的情節。

〔註 5〕參見李永寧：《報恩經和敦煌壁畫報恩經變》，載敦煌文物研究所編著：《中國石窟·敦煌莫高窟》第四卷，文物出版社，1987 年。

〔註 6〕此榜題來自《報恩經》變文《雙恩記》，參見簡佩琦：《敦煌報恩經變與變文〈雙恩記〉殘卷》，載《敦煌學輯刊》2005 年第 1 期。

圖 64　晚唐第 85 窟報恩經變善友太子施捨

畫工還巧妙地將第 144、145 窟惡友品太子施捨的情節與序品婆羅門子乞食的情節結合在一起。圖 59 ①和⑤之間有榜題塊，其中已無文字，此榜題似乎是爲了將①和⑤兩幅畫面原本不是連接在一起的情節分隔開，但是①和⑤兩組人物的動態又將他們組合成相關聯的畫面。①中有三位乞食者，中間一位是背負著母親的婆羅門子，他們都面朝太子，或跪地或屈膝向太子表示感謝，面朝婆羅門子等人的太子及侍從好像正在施捨。

第 154、231 窟報恩經變兩側的條幅故事畫和第 144、145 窟經變下方的屏風畫內都有惡友品善友太子本生故事畫，都以善友太子入海尋寶的故事情節爲重點，沒有畫出太子尋寶之前在宮殿外施捨的情節，第 144、145 窟將此情節畫在了法會下方。

《報恩經和敦煌壁畫報恩經變》和《敦煌石窟全集・報恩經畫卷》統計了敦煌石窟報恩經變的數量和每鋪經變經品的數量，〔註 7〕但是對第 144、145 窟報恩經變經品的統計有誤。在上文對經變畫各鋪小畫面分析比對之後，筆者認爲，第 144 窟報恩經變法會下方畫有孝養品、惡友品的內容，第 145 窟報恩經變法會下方畫有惡友品的內容，在此之前這些畫面未能被準確的識別出來（見表 10）。第 144、145 窟在法會上方兩側繪製論議品前半部份故事，在法會下方繪製了故事的結尾部份，這一現象在其它洞窟中還未能見到。

〔註 7〕敦煌研究院主編：《敦煌石窟全集・報恩經畫卷》，商務印書館，2000 年。

表 10　吐蕃後期報恩經變經品統計

窟　號	序　品	孝養品	論議品	惡友品
141	1	1		
144	1	1	1	2
145	1	1	1	2
147		1	1	1
231	1	1	1	2
238				1

第二節　吐蕃時期的報恩信仰

《報恩經》在歷代經目著錄中皆有記載，對何人於何時譯出的記載各不相同，此部經典是否爲「眞經」多受質疑，這些不可知的因素絲毫沒有影響《報恩經》及其經變的流佈，而且在吐蕃統治的特殊歷史時期莫高窟開始盛行繪製報恩經變，世俗信眾借助佛教經變表達了更爲寬泛的報恩思想。

報恩經變是佛經變相，繪製報恩經變首先是佛教信仰本身的需要，即報答佛恩。佛教提倡報恩，其報恩思想幾乎充斥在整個佛教文化中，除了《大方便佛報恩經》、《父母恩重經》等經典以闡述報恩信仰爲主旨之外，其它典籍中同樣也有宣揚報恩思想的內容。

《大乘本生心地觀經》卷 2「報恩品」說「世出世恩有其四種。一父母恩。二眾生恩。三國王恩。四三寶恩。如是四恩一切眾生平等荷負。善男子。父母恩者。父有慈恩。母有悲恩。母悲恩者。若我住世於一劫中說不能盡。我今爲汝宣說少分。……長養之恩彌於普天。憐愍之德廣大無比。世間所高莫過山嶽。悲母之恩逾於須彌。世間之重大地爲先。悲母之恩亦過於彼。若有男女背恩不順。令其父母生怨念心。母發惡言子即隨墮。或在地獄餓鬼畜生。」〔註 8〕

《佛說梵網經菩薩心地品合注卷第三》:「孝順父母師僧三寶。孝順至道之法。孝名爲戒。」〔註 9〕

〔註 8〕《大正藏》第 3 冊，第 297 頁上、中。
〔註 9〕《續正藏》第 38 冊，第 645 頁下。

《楞嚴經要解》卷 6 云：「將此身心奉塵刹，是則名爲報佛恩。」〔註 10〕

《法苑珠林》卷 50「報恩篇」有「誰是知恩能報恩者。應正答言。佛是知恩能報恩者。何以故。一切世間知恩報恩無過佛故。又增一阿含經云。爾時世尊告諸比丘。若有眾生知返復者。此人可敬。小恩尚不忘。何況大恩。」「背恩篇」引《智度論》云：「知恩者生大悲之根本。開善業之初門。人所愛敬。名譽遠聞。死得生天。終成佛道。不知恩者甚於畜生也。」〔註 11〕

《華嚴經》卷 6「見報恩人，當願眾生，常念諸佛，菩薩恩德。見背恩人，當願眾生，常見聖賢，不作眾惡。」卷 24「知恩報恩者，易化無瞋恨。無有邪曲心，柔和同止樂，修習如是法，精進不退轉。」〔註 12〕

……等等，不一而足。

報答四重恩德，父母恩爲第一，而佛法僧三寶是佛教信仰者最大的師長，佛陀如同信仰者的法身父母，除去佛法沒有其它方法能夠幫助眾生了生脫死，按理報答四重恩當以佛恩爲重，開窟造像、燃燈供佛、抄經供奉都是報答佛恩的善行。在吐蕃統治時期，報恩經變重視的故事畫婆羅門子孝養父母、須闍提太子本生、善友太子本生等等都大力宣揚孝親思想，似乎更爲強調報答父母恩重。

敦煌深受中原傳統儒家文化影響，《報恩經》宣揚的忠君、孝養思想又與中原傳統儒家文化的忠孝倫理思想相一致，在儒家文化的牽引下，報恩經變不僅大受歡迎，而且經變畫選擇與孝親觀念吻合的故事進行描繪，足見儒家文化在此地區受重視的程度。藏經洞出土的敦煌文獻已經說明，自六朝至宋，儒家典籍一直在敦煌地區流傳，雖然其種類不如中原豐富，但是這些寫卷已經證明以儒家思想爲代表的中原主流文化也是西北邊陲地區的主流文化。敦煌文獻中數量最多的儒典是《論語》，寺學也講授《孝經》一類典籍。這些典籍中都包含了諸多報孝父母恩的思想，如《孝經・開宗明義章》說：「身體髮膚，受之父母，不敢毀傷，孝之始也。立身行道，揚名後世，以顯父母，孝之終也」。〔註 13〕從愛惜身體髮膚到揚名天下，都是爲了報父母養育之恩，而且孝敬父母並不局限於生前，還包括身後。

〔註 10〕《續正藏》第 11 冊，第 809 頁中。

〔註 11〕《大正藏》第 53 冊，第 663 頁下，第 665 頁下。

〔註 12〕《大正藏》第 9 冊，第 432 頁上，第 555 頁上。

〔註 13〕《孝經・開宗明義章》，《十三經注疏》，中華書局影印清阮元校刻本，1980 年。

就忠孝觀念來說，吐蕃文化與儒家文化有著諸多的相似之處。松贊干布時期，吐蕃制定了十善法教導臣民，其中有忠孝、報恩的觀念，「使民皈依三寶，恭敬誠信不疑。孝順父母，報答慈仁。於有恩者及父叔長輩勿拂其意。以德報德，承順上流者和貴種族人之意志，勿加違拗。凡諸行事，宜以正人爲範楷。讀經書，學文字，明其義理。深信業報因果。對純不善品，應有所忌憚。」〔註 14〕新疆發現的古藏文《松巴諺語》以簡潔生動的語言教導人們要尊敬父母的，「父親和母親並不是乞求來的。水與火都不能缺。」敦煌吐蕃寫卷《父親殿干涅巴的葬禮》記述了父親殿干涅巴與兒子討論如何安排他死後葬儀，可能反映了當時吐蕃社會民間的喪葬禮儀。卷子的末尾父親說：「兒子金波涅吉，不報答父母的恩就如同純粹的藥一樣，是從雪山頂上長出來的；不報答母親的恩就好像杜鵑鳥一樣是從窩裏長出來的。把父親安葬在高地，建立起父尊的墓碑。」〔註 15〕吐蕃民族用自己的方式教育子女孝敬父母、報答父母恩。敦煌古藏文文書 P.T.1283、P.T.2111 被命名爲《禮儀問答寫卷》，長達 33 頁 532 行的長篇文章以兄弟對話的形式論述如何爲人處世，待人接物，處理君臣、父子、師生、主奴及夫妻之間的關係，文風古樸，文義親切，是統治者需要的一種禮儀規範。〔註 16〕文章中多處論述了與忠孝、報恩有關的思想，「弟問：何爲做人之道？何爲非做人之道？兄云：做人之道爲公正、孝敬、和藹、溫順、憐憫、不怒、報恩、知恥、謹慎而勤奮。」「弟問：侍奉、孝敬有何利益？兄云：兒輩能使父母、師長不感遺憾抱恨，即爲最上之孝敬。奴僕能使主子、官長不指責斥罵，即爲最上至侍奉。……父母養育兒子，兒子敬愛父母之情應如珍愛自己的眼睛。父母年老，定要保護、報恩。養育之恩，應盡力報答爲是。例如，禽獸中之豺狗、大雕亦報父母之恩，何況人之子乎。……不孝敬父母、上師，即如同畜生，徒有『人』名而已。」〔註 17〕對於這份寫卷的討論大都認爲吐蕃民族在與漢民族的文化往來過程中，受到了儒家忠孝觀念的影響，並將其融入到藏民族的文化風俗當中。敦煌藏經洞出土的古藏文本《尚書》、《戰國策》、《孔丘項托相問書》、《千字文》等等都

〔註 14〕索南堅贊著，劉立千譯：《西藏王統記》，民族出版社，2000 年，第 47 頁。
〔註 15〕（英）F.W.托馬斯著，李有義、王青山譯：《東北藏古代民間文學》，四川民族出版社，1986 年。
〔註 16〕季羨林主編：《敦煌學大辭典》，上海辭書出版社，1998 年，第 472 頁。
〔註 17〕《敦煌古藏文〈禮儀問答寫卷〉譯解》，王堯、陳踐編著：《敦煌吐蕃文書論文集》，四川民族出版社，1988 年，第 123～147 頁。

是譯自漢文的儒學典籍或者宣揚儒學思想的著作。P.T.640、P.T.126 是藏文佛經變文，有譯自漢文本《孝子經》的《孝子經之解說》、《父母恩重經》及《父母恩重經講經文》，這些寫本見證了藏漢文化交流的重要歷史。〔註 18〕實際上，和其他優秀的民族一樣，忠孝觀念原本就是藏民族文化的重要組成部份，他們或制定法律，或以民間熟悉的比喻語言教導吐蕃臣民懂得忠孝的道理，儒家忠孝觀念的影響只是促成了它的進一步發展。

藏漢民族趨同的忠孝觀念促成了吐蕃時期報孝父母恩思想的盛行，報恩經變也重點表現宣揚忠君孝親的孝養品、論議品、惡友品等經品故事畫。隨同忠孝報恩觀念的提倡與流行，吐蕃後期第 144、231 窟出現了將父母像供奉在東壁門上的現象，第 231 窟還提出了「額號報恩君親」思想主旨（圖 65）。第 144 窟東壁門上男女供養像中間有墨書榜題三款，「亡父前沙州……索留南供養」，「索氏願修報恩之龕供養」，「亡母清河張氏供養」。〔註 19〕畫亡父母供養像至少表達了兩層意思，爲亡父母畫供養像、修窟造像以父母的名義報答佛恩，造窟者又藉此報答父母恩。吐蕃後期僧人釋惠菀爲某家族開窟造像撰寫了《報恩吉祥窟記》，記文中說：「父母生我劬勞，欲報之恩，唯杖

圖 65　第 231 窟東壁門上供養像

〔註 18〕羅秉芬：《唐代藏漢文化交流的歷史見證——敦煌古藏文佛經變文研究》，載金雅聲、束錫紅、才讓主編：《敦煌古藏文文獻論文集》，上海古籍出版社，2007 年。

〔註 19〕見敦煌研究院編：《敦煌莫高窟供養人題記》，文物出版社，1986 年。

景福。是以捐資身之具，罄竭庫儲，委命三尊，仰求濟拔，遂於莫高勝境，接飛簷而鑿嶺，架雲閣而開岩。」〔註20〕P.4640《吳僧統碑》是吐蕃後期釋門教授洪辯修建莫高窟七佛堂的功德記，「……豎四弘之心，鑿七佛之窟。貼金彩畫，不可記之。然則清涼萬聖搖紫氣而浮空；賢劫千尊，開碧蓮而化現。十二大願，九横莫侵；百八浮圖，百災莫染。法華則會三歸一，報恩乃酬起二親。……」這些文獻都明確表達了開窟造像是爲報答父母恩，與第144、231窟有相同的造窟願望。吐蕃後期盛行造窟的報答父母恩的思想對晚唐洞窟產生了影響，晚唐第12、20、127窟東壁門上均繪製了供養人夫婦像。

除了報答佛恩、父母恩之外，報恩經變還隱含了另一層報恩思想，即國王恩。對於吐蕃時期報恩經變流行的原因李永寧在論文中提出了自己的觀點，「一些具有民族氣節的僧俗民眾，往往借壁畫、碑文、造窟記表露對異族統治的不滿於反抗」，「吐蕃統治時期壁畫報恩經變增多，而所繪故事又集中於以孝衛國、以孝復國的孝養品、論議品、惡友品，顯然除了以提倡孝道與儒家妥協而外，還有堅持民族氣節、嚮往中原的積極意義。實際上，中唐時期莫高窟壁畫報恩經變的繪製，已經突破了一般宣揚忠君孝親思想的局限。」〔註21〕在筆者看來此觀點只抓住了其中一層意義。敦煌文獻中的儒家典籍數量次於《論語》的是《春秋》經傳。「《孟子・滕文公》說『孔子成《春秋》，而亂臣賊子懼。』而《春秋》的主要思想，歸結起來，只有『尊王攘夷』四個字。所謂『尊王攘夷』，簡單點說，就是尊重中央政府，抵抗外來侵略，維護國家統一。而這一點，在當時的西北邊陲表現得最爲充分。」〔註22〕這一段文字已經很好地解釋了儒家思想對邊地文化產生的重要作用。雖然暫時屈服於吐蕃人的統治之下，漢族民眾依舊是「朝朝心逐東溪水，夜夜魂隨西月流」（佚名《晚秋》）。

在他們的眼裏，敦煌等西北邊地曾經都是唐朝皇恩被及的地方，不少文人寄情詩詞，深情地表達了敦煌邊地對唐王朝的思念，對於皇恩的嚮往。例如：

〔註20〕P.2991《報恩吉祥窟記》，見鄭炳林著：《敦煌碑銘贊集釋》，甘肅教育出版社，1992年。

〔註21〕李永寧：《報恩經和敦煌壁畫報恩經變》，載敦煌文物研究所編著：《中國石窟・敦煌莫高窟》第四卷，文物出版社，1987年，第201～202頁。

〔註22〕張弓主編：《敦煌典籍與唐五代歷史文化》上卷，中國社會科學出版社，2006年，第99頁。

唐朝詩人張籍因爲吐蕃佔領西北數十州而深感不滿，寫下了《涼州詞》三首，「鳳林冠裏水東流。百草黃榆六十秋。邊將皆承主恩澤。無人解道取涼州。」〔註 23〕

孫頠《送薛大夫和蕃》：「一心傾漢日。萬里望胡天。忠信皇恩重。要荒聖德傳。」〔註 24〕

佚名《非所寄王都護姨夫》「敦煌數度訪來人，握手千回問懿親。蓬轉已聞過海畔，莎居見說傍河津。戎庭事事皆違意，虜口朝朝計苦辛。縲絏倘逢恩降日，宿心言豁在他辰。」〔註 25〕

和詩文表達的心情一樣，吐蕃後期莫高窟熱衷於繪製報恩經變，借助佛教經變故事畫既是表達了報答四重恩之一的國王恩，也蘊含了期盼重歸唐王朝願望。

吐蕃統治後期，出現了蕃漢政權會盟立碑、吐蕃使者前往五臺山求取五臺山圖等等唐蕃交好的歷史事件，再加上吐蕃統治者對敦煌地區實施的一系列提高漢人地位、改善生活狀況的措施。吐蕃贊普、大論、群臣的友好行爲在敦煌地區得到了漢族民眾的好感，他們在石窟壁畫中爲贊普畫像、畫自己穿著吐蕃服飾的供養像，一方面爲贊普及群臣祈福，另一方面也是祈願唐蕃之間的友好往來能夠持續下去。爲吐蕃贊普和群臣祈福的心願在佛事活動中也有充分的表達。吐蕃時期佛事活動盛行，世俗信眾在舉辦、參與佛事活動時，也總是不忘將所修之功德迴向給贊普、節兒、都督等吐蕃統治者。敦煌文獻吐蕃時期的發願文、燃燈文、布薩文等記載當時佛事活動，例如：

P.3256《願文》「復持此福，盡用莊嚴當今聖主，伏願開南山之長劫，作鎮坤儀；懸北極之樞星，繼明乾像。……以此功德，莊嚴太子夫人等，濃梅（眉）發豔，桃李增榮；公主等月桂含春，星芳孕彩；節兒上論願使天祿彌積，富位增高，常爲大國之良臣，永作釋門之信士；莊嚴都督形同大地，歷千載而不傾；命等山河，跨萬齡而永固。」

P.2255《作佛事發願文》「先用莊嚴梵釋諸王、龍天八部：伏願身光增益，

〔註 23〕范學宗、王純潔編：《全唐文全唐詩吐蕃史料》，西藏人民出版社，1988 年，第 448 頁。

〔註 24〕范學宗、王純潔編：《全唐文全唐詩吐蕃史料》，西藏人民出版社，1988 年，第 464 頁。

〔註 25〕范學宗、王純潔編：《全唐文全唐詩吐蕃史料》，西藏人民出版社，1988 年，第 481 頁。

聖力冥加；興念含生，匡茲教法。使陰湯（陽）應序，風雨齊和；稼穡豐登，人人安樂。贊普壽齊聖（磐）石，群臣命等靈椿，官僚善被無疆，尊宿資福有識。然後□□永絕，教跡流道（通）；凡厥含情，俱（登）覺道。」

P.2341《燃燈文》「我當今神聖贊普，集沐（休）徵於宇宙，藻佳氣於環瀛。……贊普曜齊北極，壽方南山；鎮□開解之仁慈，長□結繩之正化。皇太子前星麗景，少海澄清；諸王式固維城，業隆磐石；公卿輔相，資（滋）法雨於身田；蕃漢節兒、諸官僚宷，潤提湖（醍醐）於法海；顒顒化庶。」

S.2146《布薩文》「又用功德，奉資神聖贊普：伏願明齊舜宇（禹），美叶堯湯；布恩惠於八方，視黔黎於一子。次用功德，莊嚴我節兒上（尚）論：伏願榮高往歲，慶益今辰。此（次）用莊嚴都督公：惟（願）福逐年長，壽逾金石。然後散沾法界，普及有情。」〔註26〕

……

敦煌百姓借用佛事活動、佛事文書表達對神聖贊普及群臣的迴向祈福，是爲報答贊普及群臣的恩德，是在與唐蕃通好、免除征戰之後，漢族信眾才能爲吐蕃統治者眞心地祈福發願，這些行爲是符合佛教「知恩報恩」、報答四重恩德的信仰思想。既然在諸多的佛事文書中都表達了對贊普及群臣的感恩思想，那麼吐蕃後期圖繪的報恩經變中也應該包含有這一層思想在其中，和維摩詰經變中的吐蕃贊普及侍從像一樣，在不違背佛教信仰思想的基礎上寄託了更多的現實世俗需求，以達成「闔家平善，國不擾亂」的願望。〔註27〕

唐蕃會盟之後，蕃漢關係在較長一段時間內維持了和平的狀態，敦煌地區的社會狀況也趨向和平，與現實社會緊密聯繫的莫高窟開窟造像也受到影響。僅就報恩經變來說，圖繪此經變題材，不僅僅只體現報答佛恩、父母恩、眾生恩，其報恩的對象更加寬泛，將對唐王朝思念、對皇恩的嚮往蘊含在其中，同時也報答了爲緩和唐蕃關係而努力的吐蕃贊普及群臣的恩德。

〔註26〕以上敦煌文獻均見楊富學、李吉和輯校：《敦煌漢文吐蕃史料輯校》，甘肅人民出版社，1999年。

〔註27〕S.3485《金剛般若經王土渾題記》，楊富學、李吉和輯校：《敦煌漢文吐蕃史料輯校》，甘肅人民出版社，1999年，第275頁。

第六章　維摩詰經變研究

第一節　維摩詰經變故事畫

吐蕃統治敦煌前期，莫高窟沒有繪製維摩變。〔註1〕吐蕃後期，第 133、159、186、231、236、237、240、359、360 窟中繪製有 9 鋪維摩變。第 186 窟畫在南壁，第 240 窟畫在西壁龕外兩側，其餘洞窟均畫在東壁，第 159、231、237 窟保存較完好。在內容方面，吐蕃時期的維摩變與前代相比沒有很大的變化，《維摩詰經》的內容共有 14 品，吐蕃時期繪製了 11 品，除了佛道品、入不二法門品、累囑品三品未能入畫之外，其餘各品皆有繪製。第 159、236 窟畫有 10 品，第 237、240、360 窟畫有 8 品，第 231、359 窟畫有 7 品，第 236 窟新繪製了菩薩品。全經 14 品的內容大意如下表（表 11）：

表 11　《維摩詰經》十四品內容簡介〔註2〕

序分（記述釋迦召開法會緣起）	1. 佛國品	釋迦在庵羅樹園說法，說明「欲得淨土，當淨其心」的道理。
正宗分（全經的主體）	2. 方便品	維摩詰假裝生病，向探病的人說法。
	3. 弟子品	釋迦派諸弟子探望維摩詰，但他們皆畏懼維摩詰的辯才，不敢應命。
	4. 菩薩品	菩薩乘弟子皆在辯論中不敵維摩詰，故不敢前往。

〔註 1〕「維摩詰經變」以下簡稱「維摩變」。

〔註 2〕此表摘自《敦煌石窟全集·法華經卷》，第 182 頁。

	5. 文殊師利問疾品	智慧最高的文殊師利菩薩願意探病。其它人為聞維摩詰與文殊共談妙法，也一同前往。
	6. 不思議品	說法期間，釋迦弟子舍利弗久立思坐，維摩詰便從東方須彌燈王處借來大量獅子座供眾人坐下。
	7. 觀眾生品	天女在舍利弗身上散花和互換相貌，戲弄舍利弗，引出萬物無所分別和諸法無定相的道理。
	8. 佛道品	維摩詰說明菩薩必須行「非道」（俗世的種種煩惱、貪欲），即出污泥而不染，才可教化眾生，通達佛道。
	9. 入不二法門品	維摩詰以「默然無言」的姿態，表示「無思、無知、無見、無聞」就是「入不二法門」（達到聖道的唯一門徑）。
	10. 香積佛品	舍利弗聽道時想吃飯，維摩詰便派化菩薩向香積佛求取香飯，給眾人食用。
	11. 菩薩行品	維摩詰以神通力帶眾人到庵羅樹園聽釋迦說法。
	12. 見阿閦佛品	釋迦說維摩詰來自清淨的妙喜世界，維摩詰便把妙喜世界變現在眾人眼前。
流通分（結束語）	13. 法供養品	釋迦說若能信奉、傳揚本經，即為以法供養釋迦，是最高級的供養。
	14. 累囑品	釋迦吩咐彌勒菩薩，將來要宣揚、護持本經。

南北朝時期，單身的維摩詰像演變成以維摩示疾、文殊問疾為中心的維摩詰經變，龍門、雲岡石窟以及石刻造像中都留下了早期的維摩詰經變。敦煌莫高窟維摩詰經變最早出現在隋代，從繪製之初，經變就承襲了中原流行的圖像樣式，即以文殊菩薩和維摩詰兩個人物對坐辯論的場景為中心，其它各品都圍繞這個中心繪製。維摩詰是毗耶離城的一位長者，為大乘佛教信徒在家修行的理想典範。為了方便教化眾生，他假裝生病，借眾人前來探病之時，宣講大乘佛理。釋迦先後派舍利弗、大迦葉、阿難等弟子前往「問疾」，弟子們均不敢前往，德才超群的文殊菩薩「承佛聖旨，詣彼問疾」，前去與維摩詰共談佛理。文殊與維摩詰的辯論是經典高潮，為了展示維摩詰的「深達實相，善說法要，辯才無礙，智慧無礙」，古代藝術家以此情節為中心創造了以文殊和維摩詰為中心人物的經變畫。此圖像樣式在後代不斷地被傳寫，其流傳的範圍和年代說明了這是相當成功的藝術創造，建立了便於信眾識別和認同的視覺圖像。在流傳過程中維摩變的基本圖像樣式始終沒有被改變，但是隨著時代的審美趣味和信仰要求的變化，維摩變的藝術風格和畫面的細節表現都發生了變化。吐蕃後期的維摩變就以全新的面貌出現在洞窟壁畫

當中。

第一章已經論及，方便品下方將吐蕃贊普與侍從像放置在前來探病的各國王子的前面，與文殊下方的漢族帝王相對而行，將吐蕃贊普放置到與漢帝王同等的地位。此畫面是吐蕃時期維摩變最吸引人的部份，是頗費心思的藝術創造，而且爲判斷吐蕃窟的開鑿年代提供了有力的證據。在此特殊歷史時段，佛教信仰受到當時特殊的社會環境影響，將吐蕃統治者的形象畫入經變當中，以此方式寄託了信仰者企盼唐蕃政權友好和平、免除戰亂的美好現實願望。除此之外，經變文殊師利問疾品、方便品、佛國品、菩薩行品及法供養品等都出現了一些新的畫面。有研究者認爲「從總體上來看，中唐的維摩詰經變日益呆滯，近似病態美，逐漸失去了唐代前期不斷創新，蓬勃向上的氣勢。……力求把日益增多的情節，固定在一個統一的框架內。這樣也許比較切合經旨，但卻失去了生機。」〔註 3〕此觀點有失偏頗，這些經品表現細節的變化正是畫家繪畫興趣的轉變和藝術創造力的表現，是吐蕃統治下社會文化、審美趣味和信仰追求的體現。經變畫中心人物文殊與維摩的個性特徵表現在減弱，對人物的神通力表現卻在加強，而且更加強化經品故事情節的表現。以下將對具有新意的經品畫面進行分析。

一、經變中的毗耶離城

吐蕃時期，維摩詰經變承襲了前代以文殊和維摩詰對坐爲中心的圖像樣式，畫面中出現了高高的城牆和門樓，以此表現毗耶離城的存在，是此前未曾見過的畫面。經變畫三面城牆，正對觀者的正面及兩側面，每面城牆均有兩層樓的城門，轉角處有角樓（圖 66）。畫面被城牆分隔成兩大塊，毗耶離城和庵羅樹園分別位於城牆內外。方便品、文殊師利問疾品、觀眾生品、香積佛品等各品畫在城牆內，因爲這些經品故事都發生在毗耶離城維摩詰居室之內。城牆外則是另一番景象，山巒起伏，河流蜿蜒穿過，這裡是美好的庵羅樹園，是佛國品、弟子品、菩薩品、見阿閦佛品、法供養品等經品故事的發生地。無論是在城內還是在庵羅樹園，各品的內容都被繪製在大致呈方形的壁面內，然後組合在兩大空間中。無論是第 186 窟將維摩變繪製在一壁之上，還是其它洞窟將維摩變繪製在門兩側的壁面，吐蕃後期的維摩變都採用了相同的圖像樣式，是參照相同的繪畫稿本繪製而成，是吐蕃後期新創造的

〔註 3〕敦煌研究院主編：《敦煌石窟全集・法華經變》，商務印書館，第 226 頁。

圖樣，而且被晚唐洞窟所接受，藏經洞發現的維摩變白描畫稿也是一脈相承的。第 133、159、231、237、360 窟維摩詰經變畫在東壁，經變畫下方有屏風畫，零散的小故事被放置到屏風畫中。上層以方塊構圖的經變畫和下層整齊排列的屏風畫組合成規整的畫面，帶來視覺上的秩序感和穩定感。

圖 66　第 159 窟東壁維摩詰經變

經變畫出三面城牆，改變了觀者的視角和與壁畫的關係。觀者所處的位置恰好在城牆內，觀者由此被引導進入到經變畫中，進入到毗耶離城中，成爲了前來聆聽文殊和維摩詰辯法的眾人中的一員，親眼目睹維摩示疾、文殊問疾以及辯法過程中發生的一切神變之事。巫鴻曾經提出了中國早期繪畫的兩種表現形式「偶像式」和「情節式」。「偶像式繪畫則是一個偶像（佛或菩薩）爲中心的對稱式組合。偶像高大的形體和莊嚴的形貌形成視覺中心，而環繞偶像的其它人及建築設置也將觀眾的目光首先引導到中心偶像身上，強化了這一『向心式』視覺效果。」〔註 4〕「情節型構圖通常是非對稱的，主要的人物總是被描繪成側面或四分之三側面，而且總是處於行動的狀態中。換言之，這些人物的運動總是沿著畫面向左或向右進行。一幅構圖中的人物都

〔註 4〕（美）巫鴻著，鄭岩譯：《何爲變相？——兼論敦煌藝術與文學的關係》，載《藝術史研究》第 2 輯，中山大學出版社，2000 年，第 61～62 頁。

是相互關聯的，他們的姿態具有動勢，並且表現了彼此之間的呼應關係。這種圖像一般依表現某個故事情節或生活中的狀態爲主題，因此可以稱作是敘事性的。」〔註 5〕很顯然，維摩變應該屬於「情節式」的表現形式，「這種結構實質上是閉合式的（self-contained），其含義由繪畫體系自身表現，觀眾只是旁觀者不是該體系的組成部份」。〔註 6〕在沒有畫毗耶離城之前，觀者看到的只是圖繪在壁面的維摩變，文殊與維摩詰的辯論、前來聽法的大眾與觀者近在咫尺，卻又無法靠近。吐蕃時期的藝術家在此表現了他們非凡的創造力，利用毗耶離城牆，改變了觀者和經變畫之間的關係，將觀者和壁畫結合爲一個整體，使觀者在不經意間就走入了毗耶離城。前來燒香膜拜的信眾不再只是一位旁觀者，而是其中一名參與者。當然觀者的這種參與未能妨礙到繪畫體系自身的表現，壁畫意義的體現仍然是「閉合式」的，但是觀者可以隨意地在城內遊走，漢族信眾甚至可以選擇跟隨在漢族帝王及群臣的一側，一同前往探視病中的維摩詰，在毗耶離城內聆聽教化，體會「智慧」與「方便」的關係，如同身臨其境。畫工的創造也是非常契合經旨的，維摩詰以身示疾就是爲了方便饒益眾生，他出入學堂、酒肆、參與博弈遊戲、在交通要道人群聚集處宣講大乘佛法，教化眾生，他不是與眾生有距離感的佛或者菩薩，而是親近世人的長者。圖像無法傳達經典抽象玄妙的佛理，畫工卻用如此巧妙的表現形式爲世俗信眾提供了走入經變的途徑，親身聆聽佛法，領悟經旨，實現供奉和宣揚經典的雙重意義。

畫工還利用城牆城門畫出人物穿過城門的情景，這些人物的動態向觀者展示了熱鬧非凡的毗耶離城。吐蕃贊普帶領著侍從及各國王子從維摩詰一側的城門走入毗耶離城，漢族帝王帶領隨行人員從文殊一側的城門進入到城內，兩列人物的姿態表明他們正緩緩的向前走動，有人剛好走在城門下，似乎後面還有跟隨者。維摩詰以神力派遣化菩薩從眾香國借取香飯，來自香積佛國的化菩薩乘雲穿過城門，兵分兩路來到文殊和維摩詰的面前，畫工靈活地借助漂浮流動的雲紋標示化菩薩從香積佛國飛來的路線及其飄動的狀態（圖 67）。豐富的動態表現使得毗耶離城內發生的一切情節變得更加眞實與鮮活。

〔註 5〕（美）巫鴻著，柳楊、岑河譯：《武梁祠——中國古代畫像藝術的思想性》，三聯書店，2006 年，第 149～150 頁。

〔註 6〕（美）巫鴻著，鄭岩譯：《何爲變相？——兼論敦煌藝術與文學的關係》，載《藝術史研究》第 2 輯，中山大學出版社，2000 年，第 61～62 頁。

二、佛國品

圖 67
第 159 窟維摩詰經變毗耶離城城門

第 159、231、236、237、240、360 窟維摩變畫有佛國品。佛國品通常以一鋪說法圖來表現，畫在經變畫的上部或東壁門上（圖 68）。這鋪說法圖表現了佛國品經文中的兩個場景。第一個場景是佛與眾人集合在毗耶離城外的庵羅樹園，表現「一時，佛在毗耶離庵羅樹園，與大比丘眾八千人俱，菩薩三萬二千，眾所知識。大智本行，皆悉成就。」〔註 7〕說法圖大都被放置在山巒起伏的自然環境中，法會背後有枝繁葉茂的樹木，表現庵羅樹園的美好環境。主尊兩側有弟子、菩薩、天龍八部等眾人圍繞，既表現了對佛的尊敬，又來聆聽佛法，接受佛道。第二個場景是長者獻寶蓋，經文說「毗耶離城有長者子，名曰寶積，與五百長者子，俱持七寶蓋，來詣佛所，頭面禮足，各以其蓋共供養佛。」在古代天竺，用寶蓋供養佛是最上的供養行爲，佛國品細緻地描繪了長者獻寶蓋的情景。第 360 窟佛國品畫六位手持寶蓋的長者站立在法會的兩側，第 159 窟佛國品在法會前畫兩組手持寶蓋的長者相對而坐，每組有五位長者，以數人代表了經文中的「五百長者子」。第 360 窟佛國品法會上方畫有一個巨大的寶蓋，和兩側長者們手中的寶蓋連接在一起，爲表現「佛之神威，令諸寶蓋合成一蓋，遍覆三千大千世界，而此世界廣長之相，悉於中現」，更爲獨特的是寶蓋中畫有汪洋大海、陸地和宮殿建築。第 159 窟在佛頭上方的華蓋之上又畫出了巨大的圓形寶蓋，寶蓋四周裝飾摩尼寶珠、垂幔，寶蓋中是汪洋的大海，大海裏有須彌山、雪山、宮殿建築以及一位著長袍的長者。第 240 窟維摩詰經變畫在西壁龕門兩側，兩鋪畫面的上方均畫有佛國

〔註 7〕文中所引《維摩詰說是經》均爲鳩摩羅什譯本，見《大正藏》第 14 冊，第 537～557 頁。

圖 68　第 360 窟維摩詰經變佛國品

品，畫面似被龕門切成了兩半，與第 360 窟佛國品相同，法會上方的寶蓋和長者手中的寶蓋連在一起，寶蓋中畫大海和山川。巨大的寶蓋表現的正是經文所說「又此三千大千世界諸須彌山、雪山、目眞隣陀山、摩訶目眞隣陀山、香山、寶山、金山、黑山、鐵圍山、大鐵圍山，大海江河、川流泉源，及日月星辰、天宮、龍宮、諸尊神宮，悉現於寶蓋中；又十方諸佛說法，亦現於寶蓋中。」因爲五百寶蓋不能同時懸浮在佛頂，所以用巨大的圓形寶蓋來顯示佛的神力，不但覆蓋與會大眾，而且能遍覆三千大千世界。第 159 窟佛國品寶蓋中的大海被不同的色彩分成了兩半，代表了寶蓋中呈現了三千大千世界，兩個世界中都有一座中間小、上下大的須彌山，須彌山頂有宮殿。須彌山四周有山巒圍繞，可能代表了鐵圍山。這是吐蕃後期維摩詰經變佛國品中出現的新畫面。

佛國品是經文序分部份，講述釋迦佛舉行法會的緣起，也是經變畫的開端，它向信眾傳達了如下的信息。首先，長者寶積是法身大士，常常與維摩詰出遊，共同弘揚佛教。在「佛國品」中寶積長者獨自與其它長者前去見佛，由此引出了問疾的緣由，開啓了講說此經的大門，這正是佛國品被畫在經變畫最上端的緣由。其次，佛以神力合寶蓋，其意義在僧肇注疏文中解釋得很清楚，「現此神變，其旨有二：一者，現神變無量，顯智慧必深；二者，寶積獻其所珍，必獲可珍之果，來世所成，必若如此之妙，明因小而果大也。」〔註8〕寶積長者們的供奉雖然微小，所見卻無限廣大，佛也藉此向眾生展示了深不可測的神力，及甚深智慧。

吐蕃時期的佛國品將合五百寶蓋爲一的情節表現得更加詳細，三大千世界、佛國淨土殊勝都繪製在寶蓋中，更加完整地表現了佛以神通力合寶蓋，現淨土瑞相的主旨，宣揚佛國品的淨土思想。經文中說寶積代表五百長者請世尊「說諸菩薩淨土之行」，菩薩以大乘佛教之法度化一切眾生入佛智慧，這就是淨土的體現。吐蕃時期最流行的《維摩詰所說經》注疏尤其注重對淨土思想的追求，道掖集《淨名經集解關中疏・佛國品第一》兩次引用了僧肇的觀點，「肇曰：將顯佛土殊好不同，故通現十方也。諸長者子皆久發道心，而未修淨土，欲悅其來供之情，啓淨土之志，故因其蓋而現焉。」「肇曰：諸長者子久發無上心，而未修淨土，所以寶積俱詣、如來現蓋，皆啓其萌也。既於蓋中見諸佛淨土殊好不同，志在崇習，故願聞佛所得殊好之事也。」〔註9〕經變佛國品圖繪佛國淨土瑞像不僅僅是表現啓發諸位長者修淨土之志，也是向眾生宣揚修「菩薩淨土之行」，教化眾生入佛的智慧，化眾生處國土爲淨土。民間抄寫《維摩詰經》卷的寫經題記裏也包含了淨土信仰的內容。6～7世紀的殘卷《維摩詰經》卷第二的附記云：「弟子曹景祖感佩亡恩，寫心聖化，爲曠師長、父母敬寫《維摩經》一部，流通供養，冀寫持之功、修解之業，早助亡靈，使升淨土，永超累劫，得現眷榮位，相索不覺，大小眾慶，志齋玄門，有誠之類，普同斯誓。」〔註10〕S.1864《維摩詰經卷下》是吐蕃時期的抄本，題記云：「歲次甲戌（794）九月卅日，韶州行人部落百姓張玄逸，奉爲國王父母及七世先亡，當家夫妻男女親眷及法界眾生，敬寫小字維摩經一部。普願往西方淨土，一時成佛。」〔註11〕題記表達了對淨土世界的嚮往，與佛國品宣揚修淨土之志是相吻合的。

〔註 8〕黎明整理：《淨名經集解關中疏》，載方廣錩主編：《藏外佛教文獻》第 2 輯，宗教文化出版社，1996 年，第 197 頁。

〔註 9〕黎明整理：《淨名經集解關中疏》，載方廣錩主編：《藏外佛教文獻》第 2 輯，宗教文化出版社，1996 年，第 197 頁。

〔註10〕（俄）孟列夫（J.I.H 緬希科夫）主編：《俄藏敦煌漢文寫卷敘錄》（上卷），上海古籍出版社，1999 年，第 278 頁。

〔註11〕楊富學、李吉和輯校：《敦煌漢文吐蕃史料輯校》，甘肅人民出版社，1999 年，第 276 頁。

三、菩薩行品

圖 69

第 159 窟維摩變菩薩行品菩薩行品

菩薩行品講述毗耶離城內的文殊、維摩詰及大眾都想前往庵羅樹園聽釋迦說法，「維摩詰即以神力，持諸大眾並師子座，置於右掌，往詣佛所。」雲岡石窟第 6 窟南壁門拱和明窗間雕刻有維摩經經變菩薩行品，屋形龕的中央是釋迦，左右兩側分別是文殊和維摩，表現兩人在庵羅樹園聽法。莫高窟初唐開始繪製維摩詰經變繪製菩薩行品，與雲岡北魏時期的造像完全不同，畫工選擇了展現維摩詰神力的情節來表現此品的內容。初唐第 332 窟、盛唐第 103 窟出現了兩鋪不同的菩薩行品，都畫在了佛國品的一側，表示維摩詰擎大眾到達庵羅樹園。第 332 窟維摩詰站立佛國品的一側，右手似施無畏印，左手托著祥雲，雲朵上是一鋪縮小的文殊問疾圖，畫文殊、維摩詰辯論的場面。第 103 窟維摩詰左手持麈尾，右手托祥雲，雲朵上坐有七人代表了諸位聖眾。吐蕃後期第 159、240、231、237、359、360 窟維摩變都畫有菩薩行品，並且沿用了初唐時期的圖像樣式（圖 69）。在第 159、240、237 窟中可以清楚的看到，祥雲上的文殊問疾圖中畫有身穿大翻領長袍的吐蕃贊普，和經變中的問疾圖幾乎完全相同，甚至還畫出了毗耶離城城牆和門樓。

菩薩行品說維摩詰擎大眾到達庵羅樹園之後，佛向阿難廣說種種國土，為成就眾生行，提出了「不盡有為，不住無為」的「盡無盡法門」，是「方便」和慈悲思想的高度體現，而「方便」是貫穿《維摩詰經》的主要思想之一。用繪畫來表達如此抽象複雜的佛理是極為困難的，畫工抓住了經文中簡短的帶有情節性的文字，創作了維摩詰手托雲朵擎大眾的畫面，以此來代表菩薩行品。顯然，此鋪圖像沒有完滿的傳遞經文宣揚的內容，畫面傳遞了這樣的信息，畫工的興趣轉移到繪製帶有故事性的畫面，並不在意未能全面表達經文的意義。

四、法供養品

法供養品是《維摩詰經》流通部份，講說尊法的益處，經變畫選取了經文中月蓋王子的故事來表現此品的內容。莫高窟初唐維摩詰經變開始繪製法供養品，初唐第 220、332、335 窟都畫一鋪說法圖來表現月蓋王子來到藥王如來處請教的情景。第 332 窟在說法圖一側飄動的雲朵裏畫輪、馬、珠、兵、玉女等，是月蓋王子向藥王佛供奉的七寶。吐蕃後期第 159、186、236、237 窟維摩詰經變均畫法供養品。第 159、237 窟中說法圖僅僅是故事畫內容的一部份，畫工繪製月蓋王子離開宮殿走向藥王如來處的完整過程（圖 70）。畫面右下角的建築是月蓋王子居住的城堡，王子身穿紅色鑲綠邊的寬袖長袍，頭戴通天冠，騎著白馬正走出宮殿的城門。馬上的王子和馬的前半身已經走出城門，馬的後半身還在城門內，用同樣的方法表現馬走出城門的動態。在城牆的轉角處可以看到一匹白馬的後半身、騎馬人的頭和部份身體。再往遠處，一處高聳的山峰半遮擋一位騎馬人，他的身後有身穿綠色鑲紅邊長袍的侍從騎馬尾隨。城牆轉角處和山峰遮擋處的騎馬人均穿紅色鑲綠邊長袍，與走出城門的月蓋王子服飾相同，可以確定這兩位騎馬人都是月蓋王子，而不是跟隨月蓋王子的隨從。王子翻山越嶺，穿越山間小道，最終來到一處開闊的綠地，也就是藥王如來處。畫面上方畫一佛二菩薩說法圖，月蓋王子與侍從在佛前跪拜，聽佛說何爲法供養。佛座前的供案上擺放著供品，供案兩側有月蓋王子供養的馬寶、象寶、主藏寶、輪寶等。遠處妝點雲山、樹木，視線遼闊，意境優美。整鋪畫面畫出月蓋王子從宮殿出發至藥王如來處四個連續的場景，利用月蓋王子不斷前行移動的身影引導觀者，最終到達美妙的勝境。

圖 70　第 159 窟維摩變法供養品

法供養品主旨在於釋迦佛向天帝講說弘宣佛法，尊奉經典所說而修行，

令大法增廣，此行法的行爲即是法供養，「即爲供養去、來、今佛」。月蓋王子是釋迦的前身，經文以月蓋王子行法供養而最終獲得成佛果報的故事來宣揚傳說此經、依經修持必定獲得經中妙法，成就無上菩提。關於月蓋王子向藥王如來請教的故事經文中僅有簡潔的敘述，「即時月蓋王子行詣藥王如來，稽首佛足，卻住一面白佛言：『世尊！諸供養中法供養最勝。云何爲法供養？』」並沒有描述月蓋王子前往藥王如來處的經過。畫工憑藉自己的想像和理解採用了與經文記述迥然不同的方式，著重表現人物在山間前行的動態過程，創造出一幅別開生面的山間行旅圖，遠比僅用一幅說法圖來表現更加生動有趣。月蓋王子是故事的主角，人物的透視、比例等問題被忽視，時空關係被打破，在山間前行的過程中人物大小始終沒有變化，沒有因爲逐漸遠離宮殿走向遠處的藥王如來處而變小，畫面以此方式突顯了月蓋王子弘護佛法，勤奮精進，法供養諸佛的行爲表現。

第二節　吐蕃時期的維摩詰經變與民間信仰

中原是維摩詰經變的創始地，無論是文獻記載還是實物遺存都早於敦煌地區，也就是說，敦煌一直流傳的以文殊問疾、維摩示疾爲中心，同時表現其它各品內容的維摩詰經變圖像樣式來自中原。上節討論了吐蕃後期維摩詰經變的圖像樣式及部份內容，從中可以看到，敦煌一地一直流行圖繪維摩變，盛行維摩信仰。在繼承了吐蕃統治以前的維摩變圖像樣式的基礎上又有了新的創造，部份經品故事中出現了新的畫面。這些畫面雖然微小，但並不是不足爲道，它們在一定程度上體現出吐蕃後期維摩變的藝術創造及其信仰的某些特徵。

吐蕃後期的維摩詰經變被賦予了不同於任何時代的新的信仰內涵。經變畫的創作依據是經文，同時又離不開世俗社會的現實需求。吐蕃後期文殊師利問疾品和方便品中的漢族帝王問疾圖和吐蕃贊普及侍從圖就是將世俗社會的政治事件納入到經變畫中，反映了 821 年以後唐蕃政權之間友好往來的社會現實。楊秀清在《唐、宋敦煌地區的世俗佛教信仰》一文中談到了敦煌唐宋時期的世俗佛教信仰的特點，「從信仰的內容看，世俗佛教信仰者的興趣並非在參禪悟道，探究佛教義理，……而是由人生皆苦的佛教人生觀出發的爲擺脫人生苦難而進行的種種救贖活動，……從信仰的目的看，世俗信仰者的目的不是爲了超脫生死，獲得開悟，尋求解脫，而是希望通過自己的信仰和實踐可以獲得國家的安寧，家庭、家族的平安，子孫的繁衍，豐衣足食乃至興旺發達；可以免禍消災，解除困厄，獲得福報。」〔註 12〕吐蕃時期的維摩詰經變明顯帶有強烈的世俗信仰特點。繪製佛像或者禮拜佛像都是供奉行為，繪製和禮拜漢帝王和吐蕃贊普像同樣也是供奉行為，出資開窟的供養人和繪畫工匠有共同的認識，追求現實的美好人生與唐蕃政權之間的關繫緊密相連，由此而出現了將漢蕃帝王像同時畫入維摩詰經變的創作思想，這一思想來自現實社會而不是佛教經典。廣大信眾在寫經題記、佛事文書中也不斷地表達希望「兩國通和，兵甲休息」的願望，〔註 13〕與維摩詰經變的創作思想相一致。漢帝王和吐蕃贊普像固定在吐蕃後期的維摩詰經變中，信眾希望通過虔誠的供養行為達成唐蕃一家、和平永存的願望。

與前代相比，吐蕃後期的維摩詰經變更加注重表現故事性的情節，依靠細節表現強化人物的神通力，是民間維摩詰信仰神通力崇拜的體現。唐前期的維摩詰經變注重對文殊、維摩詰這兩個主要人物的描繪，賦予二人獨特的個性特徵。到吐蕃後期，經變對文殊和維摩詰的個性刻畫減弱，遠不如前代突出，其原因不在於當時繪畫技藝的衰弱，而是畫工的繪畫興趣明顯發生了轉變，畫工繪畫興趣的轉變與民間維摩詰信仰中的神通力崇拜是有關係的。唐前期，維摩詰經變已經表現出強調故事性情節以及神通力崇拜的傾向，不思議品的「借座燈王」，觀眾生品的天女戲弄舍利弗，香積佛品的獻香飯、見阿閦佛品的「手接大千」等等，一系列故事性的畫面都是選取了經文中表現維摩詰神力的情節，除了擅長辯論佛法之外，維摩詰具有的神力都在這些故事畫中展現出來。吐蕃後期，佛國品、菩薩行品、法供養品都增加了故事性的畫面，這些故事性的情節在經文中通常用一句話帶過，並沒有詳細的敘述，但是畫工卻緊緊抓住經文中簡單的敘事性文字，在經變畫中重點描繪，突出了佛和維摩詰的神通力。吐蕃統治時期，維摩信仰在僧俗兩界流行，分別體現在大量的《維摩詰經》注疏抄本和洞窟經變畫上，他們的信仰重點或許存在差異，但是對神通力的崇拜確是一致的。道掖集《淨名經集解關中疏》是吐蕃時期最流行的《維摩詰經》注疏本，對維摩詰神通力的崇拜在注疏中流露無遺。注疏開篇收錄了僧肇作《維摩詰經序》，說「維摩詰不思議經者，

〔註 12〕楊秀清：《唐、宋敦煌地區的世俗佛教信仰》，載項楚、鄭阿財主編：《新世紀敦煌學論集》，巴蜀書社，2003 年，第 705～706 頁。

〔註 13〕S.1963，《金光明最勝王經》題記，見楊富學、李吉和輯校：《敦煌漢文吐蕃史料輯校》，甘肅人民出版社，1999 年。

蓋是窮微盡化，妙絕之稱也。……至若借座燈王，請飯香土，手接大千，室包乾像，不思議之跡也。」。維摩詰原本就是妙喜國不可思議解脫菩薩，「其教緣既畢，將返妙喜，故欲顯其神德，以弘如來不思議解脫之道。」「不可思議者，凡有二種：一曰理空，非惑情所圖；二曰神奇，非淺識所量。若體夫空理，則脫思議之惑。惑既脫矣，則所爲難測。維摩詰今動靜皆神奇，必脫諸惑。」維摩詰以神通力廣示不可思議解脫之法門，不僅吸引了世俗信眾，學問高僧對此也是讚歎不已。《佛國品》中展示了佛的神通力，佛以神力合寶蓋、現三千大千世界，「其旨有二：一者，現神變無量，顯智慧必深；二者，寶積獻其所珍，必獲可珍之果，來世所成，必若如此之妙，明因小而果大也。」〔註 14〕僧俗信眾對神通力的崇拜促成了對經變畫的新要求，畫工也樂於將繪畫的重點轉移到繪製經文中的神變景象，有極大的興趣創作或者圖繪帶有故事性的畫面，給吐蕃後期的維摩詰經變帶來了新鮮的氣息。

受到淨土信仰的影響，維摩詰信仰中滲入了更多淨土信仰的內容，這一點更明顯地體現在吐蕃後期的經變畫當中。經變畫上方以佛國品爲中心，說法圖兩側分別畫不思議品、香積佛品，除了表現維摩詰的神通力之外，以說法圖的方式畫出須彌燈王佛國和香積佛國，和釋迦佛所在的佛國排列在一起，再加上佛國品又增加了佛以神力現淨土相的畫面，突出了佛國品闡述淨土信仰的主旨。世俗信眾在寫經題記中也明確地將維摩詰信仰和淨土追求聯繫在一起。

〔註 14〕見黎明整理：《淨名經集解關中疏》，載《藏外佛教文獻》第 2 輯，第 175～292 頁。

結語——紛繁複雜的淨土世界

吐蕃統治後期，敦煌莫高窟的佛教造像活動再度興盛起來，形成了獨特的石窟藝術面貌。821 年唐蕃會盟以後，莫高窟新建的洞窟有 22 個，窟室及龕形制發生了變化，發生變化的實質是爲了滿足應繪製經變畫的需要，因爲經變畫成爲洞窟四壁主要表現的內容。吐蕃前期還可以見到的龕外像臺消失了，塑像全部放置到龕內的馬蹄形佛床上。四壁壁畫的構成形式也有了新的樣式，吐蕃前期繪製在龕外或南北壁東側的單身尊像不再流行，經變畫幾乎佔據了除了覆斗頂之外的其它壁面，連龕內的屏風畫也以繪製經變故事畫爲主。南、北壁的經變畫從一壁一鋪的構成形式發展爲一壁繪製二至三鋪。經變畫題材較唐前期增加了許多，盛唐時期盛行的與淨土信仰有關的經變題材繼續流行，尤其是觀無量壽經變，成爲吐蕃時期繪製數量最多的經變。同時又湧現了大量的新題材，諸如金剛經變、報恩經變、天請問經變、金光明經變、密教菩薩經變等等。經變題材涉及各宗各派，毫無宗派之見，和中原地區佛教宗派林立、各自開闢門戶、論辯興盛的情況有較大的區別。雖然在信仰上不分宗派，但是洞窟中的經變畫在信仰上是否有主次？尤其是吐蕃後期，洞窟四壁經變畫的構成形式、經變畫的圖像樣式都形成了較規範的程序，這種現象更有利於從圖像的配置來把握其信仰的主旨。

《吐蕃後期洞窟南、北、東壁經變畫題材列表》（見表 12）排列了吐蕃後期洞窟四壁經變畫題材，其規律性和程序化尤其明顯。西壁龕外固定繪製文殊變和普賢變，並不因爲龕內屏風畫的題材及主尊的變化而改變。南壁和北壁，除了第 158、186 窟之外，觀無量壽經變、藥師經變、彌勒經變等與淨土信仰有關的題材繪製於每個洞窟之中，其中有 9 個洞窟同時繪製了以上三種淨土類經變，有 14 鋪觀無量壽經變與藥師經變對應繪製在南北兩壁，分別象徵著東方淨土與西方淨土兩大佛國世界。淨土類經變畫早已流行於莫高窟，到吐蕃統治時期，淨土信仰的勢頭絲毫沒有減弱，反而比前代更加興盛，一窟之中繪製多鋪淨經變。觀無量壽經變是所有經變題材中數量最多的一類，它代替了阿彌陀經變、無量壽經變，成爲吐蕃時期最流行的西方淨土經變。從見表 12 還可以看到，無論洞窟大小，淨土類經變是固定出現的題材，南、北壁其它經變題材的配置似乎沒有規律可循。窟室東壁繪製密教觀音經變或維摩詰經變。有的經變畫之間還形成了固定的對稱配置關係，例如：文殊變和普賢變、觀無量壽經變和藥師經變、法華變和華嚴變、不空絹索觀音變和如意輪觀音變、千手觀音變和千缽文殊變等等。

表 12　吐蕃後期洞窟南、北、東壁經變畫題材列表

窟號	西　壁	南　壁	北　壁	東　壁
133	殘	不知名經變／彌勒	不知名經變／金光明	維摩變維摩詰／？／維摩變文殊
141	宋畫／屏風畫／宋畫	觀無量壽／報恩	藥師／彌勒	天請問／不空絹索觀音／思益梵天問
144	文殊變／屏風畫／普賢變	法華／觀無量壽／金剛經	華嚴／藥師／報恩	千手觀音／供養人像／千缽文殊
145	普賢變／屏風畫／文殊變	觀無量壽／金剛經	藥師／報恩	不空絹索觀音／無畫／如意輪觀音
147	普賢變／屏風畫／文殊變	觀無量壽／彌勒	藥師／金剛經	不空絹索觀音／說法圖／如意輪觀音
155	藥師佛／屏風畫／地藏	觀無量壽	彌勒變	殘毀
158	涅槃變	涅槃變		思益梵天問／如意輪觀音／金光明
159	普賢變／屏風畫／文殊變	法華／觀無量壽／彌勒	華嚴／藥師／天請問	維摩變維摩詰／佛國品／維摩變文殊
186	無／弟子像／無	維摩變	密教經變	菩薩像／說法圖／菩薩像
231	普賢變／屏風畫／文殊變	觀無量壽／法華／天請問	藥師／華嚴／彌勒	報恩／供養人像／維摩變
232	普賢變／屏風畫／文殊變	觀無量壽／華嚴	藥師／法華	如意輪觀音／千手觀音／不空絹索觀音

236	普賢變／屏風畫／文殊變	觀無量壽／楞伽	藥師／金剛	維摩變維摩詰／？／維摩變文殊
237	普賢變／屏風畫／文殊變	法華／觀無量壽／彌勒	華嚴／藥師／天請問	維摩變維摩詰／佛國品／維摩變文殊
238	普賢變／屏風畫／文殊變	觀無量壽／報恩	藥師／彌勒	報父母恩重經／供養人／模糊
240	維摩變（文殊）／屏風畫／維摩變（維摩詰）	觀無量壽／天請問	藥師／金剛經	毀壞
358	普賢變／屏風畫／文殊變	觀無量壽／彌勒	藥師／天請問	不空絹索觀音／說法圖／如意輪觀音
359	普賢變／屏風畫／文殊變	阿彌陀／金剛經	藥師／彌勒	維摩變維摩詰／供養人像／維摩變文殊
360	普賢變／屏風畫／文殊變	釋迦曼荼羅／觀無量壽／彌勒	千缽文殊／藥師／天請問	維摩變維摩詰／佛國品／維摩變文殊
361	普賢變／屏風畫／文殊變	阿彌陀／金剛經	藥師／彌勒	千缽文殊／釋迦多寶／千手觀音
369	普賢變／屏風畫／文殊變	不知名／金剛經／阿彌陀	不知名／藥師／彌陀	維摩變文殊／佛國品／維摩變維摩詰（五代）
468	普賢變／屏風畫／文殊變	觀無量壽（五代）	藥師（五代）	不空絹索觀音／供養人像／如意輪觀音（五代）

注：西壁壁畫的排列順序爲龕外南側／龕内／龕外北側，南、北壁經變畫排列順序爲由西向東，東壁經變畫排列順序爲門南／門上／門北。第365窟經西夏、宋重繪，未列入表中。

吐蕃後期，洞窟四壁經變畫的構成形式和題材都形成了規範的模式，換句話說，幾乎所有的洞窟都遵循了相同的設計原則，進入洞窟的經變題材和構成形式，都在這一原則的規範下進行圖繪，既要實現宗教信仰的目的，又要滿足窟主開窟造像的現實需求。

從吐蕃後期洞窟中淨土類經變的數量和與其它經變的配置關係看，淨土類經變始終是首先被選擇進入洞窟的題材。吐蕃時期盛行的淨土信仰是初盛唐以來淨土信仰的延續，與中原佛教淨土信仰盛行的大環境相一致。隋唐時期，淨土宗成爲正式的佛教派別，「以持名念佛、觀想念佛、實相念佛爲主要方法，借阿彌陀佛本願之力，往生西方淨土極樂淨土」爲修行方法，〔註1〕「這一實踐方法，克服了繁瑣的修證歷程，將圓成佛道，直接歸於當下的念

〔註1〕蘇樹華著：《中國佛學各宗要義》，中華書局，2007年，第167頁。

佛稱名」。〔註 2〕淨土信仰的廣泛影響使得唐五代時期的敦煌佛教也形成了以淨土爲主流的庶民信仰。敦煌的淨土信仰以彌陀和彌勒爲主，東方藥師淨土信仰也與之並存。彌勒信仰在敦煌地區的流傳時間更爲久遠，彌陀信仰者同時也可以兼修彌勒淨土，敦煌佛教淨土贊文和寫經題記中都有彌陀淨土和彌勒淨土兼修的現象。東方淨琉璃世界的藥師淨土自隋代開始在敦煌流行，「此藥師琉璃光如來國土清淨，無五濁無愛欲無異垢，以白銀琉璃爲地，宮殿樓閣悉用七寶，亦如西方無量國，無有異也。」東、西方淨土原本就沒有差異，《藥師經》還說：「欲得生兜率天見彌勒者，亦應禮敬琉璃光佛。」「欲往生西方阿彌陀佛國者，憶念晝夜，……或復中悔聞我說是藥師琉璃光佛本本願功德。盡其壽命欲終之日。有八菩薩。……是八菩薩皆當飛往迎其精神。不經八難生蓮華中。」〔註 3〕藥師淨土與西方淨土、彌勒淨土之間原本就沒有隔閡，無論修行何種淨土都可以爲往生獲取功德，從而形成了淨土信仰的多元化。各類淨土經變共居一室，實現淨土信仰觀像行持的修行法門，最大限度的獲得功德迴向。

淨土信仰的盛行對其它經變題材也產生了影響，或在經變圖像上，或在信仰上都透露出淨土信仰的內容。第 159、231、237、358、360 窟天請問經變與彌勒經變在南北壁組成對稱的畫面，天請問經變模仿彌勒經變的構圖，畫出中央的法會、宮殿建築、蓮池，經變上部畫天宮，與彌勒變兜率天對應，表達了生天的思想。第 144、145、359、361 窟金剛經變法會前方畫宮殿樓閣建築、八功德池、蓮花等等淨土經變中常見的畫面。第 159、240、360 窟維摩詰經變佛國品在大寶蓋中呈現淨土瑞像，宣揚佛國品的淨土思想。

吐蕃時期用於佛教儀式的文獻也包含了淨土信仰的內容，如金光明寺僧人利濟作《金剛五禮》、S.2566《大悲啓請》等等，《不空絹索神咒心經》、《觀世音菩薩秘密藏如意輪陀羅尼神咒經》、《千手經》等密教菩薩經典都有持誦觀音神咒可以往生阿彌陀淨土的內容。

吐蕃時期的有許多寫經題記也表達了往生淨土的願望。北柰字 42 號《金剛經陀羅尼咒》題記「爲正比丘尼寫《法華經》一部、寫《金光明經》一部，《金剛經》一卷。已上寫經功德，回施正比丘尼。承此功德，願生西方，見諸佛，聞正法，悟無生。」

〔註 2〕湛如著：《敦煌佛教律儀制度研究》，中華書局，2003 年，第 270 頁。
〔註 3〕《佛說灌頂拔除過罪生死得度經》卷十二，《大正藏》第 21 冊。

S.5956 般若心經張□謙題記（九世紀前期）「弟子張□謙爲亡妣皇甫氏，寫觀音經一卷，□（多）□（心）經□（一）卷。願亡妣得生淨土，諸佛□□□□。」

S.S2650 般若心經爲羊官題記（九世紀前期）「又爲羊官一□，寫此經一卷。莫爲怨對，彌勒初會，同聞般若。」〔註 4〕

P.2387 卷背面有抄寫於 836 年的「施捨疏」，有康爲「爲亡母，願神生淨土，請爲念誦，施道場白楊樹一根，施入修造。」〔註 5〕

無論是經變畫、佛教文獻還是寫經題記都反映出吐蕃時期淨土信仰的流行，與淨土信仰有關的經變畫在石窟中是最受重視的題材，其它題材的經變畫或者佛教文獻當中都不同程度地增加了淨土信仰的內容。淨土類經變是洞窟設計原則首先考慮的題材，其次再按洞窟壁面的大小選擇其它的經變。日本學者藤枝晃如此論述的：「盛唐、中唐時代將華麗的變相併排陳列的各窟的裝飾法，最根本的設計就是左右兩壁相向的東西淨土。除此之外的變相，如果是小窟也可以省略……東西淨土圖才是洞窟內最主要的壁畫，這種類型洞窟洞的各個壁面，以兩幅變相爲基準，並配以其它各種圖畫爲脅襯。……這兩種變相所由來的淨土信仰，是 6～8 世紀期間在中國獨立發展起來的。」〔註 6〕藤枝晃所言極是，從題材的設計原則和佛教信仰的層面看，吐蕃後期石窟營造的主旨對佛國淨土的世界呈現。

〔註 4〕楊富學、李吉和輯校：《敦煌漢文吐蕃史料輯校》，甘肅人民出版社，1999 年。

〔註 5〕轉引自王志鵬：《唐代敦煌地區淨土信仰的流行及其在敦煌文獻中的表現》，載《蘭州學刊》2006 年第 1 期。

〔註 6〕轉引自（日）礪波護著，韓昇、劉建英譯：《隋唐佛教文化》，上海古籍出版社，2004 年，第 65 頁。

參考文獻

（按出版年順序排列）

壹、敦煌文獻、歷史文獻、圖冊

一、敦煌文獻

1. 黃永武主編：《敦煌寶藏（1～140）》，臺北新文豐出版公司，1981～1986年。
2. 王堯、陳踐譯著：《敦煌吐蕃文獻選》，四川民族出版社，1983年。
3. 王重民等編：《敦煌變文集》，人民文獻出版社，1983年。
4. 敦煌研究院編：《敦煌莫高窟供養人題記》，文物出版社，1986年。
5. 唐耕耦、陸宏基編：《敦煌社會經濟文獻眞跡釋錄》第1～5輯，書目文獻出版社、全國圖書館文獻縮微複製中心，1986～1990年。
6. 鄭炳林著：《敦煌碑銘贊輯釋》，甘肅教育出版社，1992年。
7. 敦煌研究院編：《敦煌石窟內容總錄》，文物出版社，1996年。
8. 黎明整理：《淨名經集解關中疏》，載方廣錩主編：《藏外佛教文獻》第2輯，宗教文化出版社，1996年。
9. 楊富學、李吉和輯校：《敦煌漢文吐蕃史料輯校》，甘肅人民出版社，1999年。
10. （俄）孟列夫（J. I. H 緬希科夫）主編：《俄藏敦煌漢文寫卷敘錄》（上卷），上海古籍出版社，1999年。
11. （英）F.W 托馬斯編著，劉忠、楊銘譯注：《敦煌西域古藏文社會歷史文獻》，民族出版社，2003年。

二、歷史文獻

（一）藏文文獻

1. 王輔仁編著：《西藏佛教史略》，青海人民出版社，1982年。

2. 王堯編著：《吐蕃金石錄》，文物出版社，1982 年。
3. 巴臥・祖拉陳哇著，黃顥譯：《賢者喜宴》摘譯，載《西藏民族學院學報》，1980～1987 年。
4. 陳慶英譯：《漢藏史集》，西藏人民出版社，1986 年。
5. 拔塞囊著，佟錦華、黃布凡譯注：《拔協》，四川民族出版社，1990 年。
6. 索南堅贊著，劉立千譯：《西藏王統記》，民族出版社，2000 年。

（二）漢文文獻

1. 《二十四史》，中華書局版。
2. （唐）張彥遠：《歷代名畫記》，人民美術出版社，1964 年。
3. （宋）黃休復：《益州名畫錄》，人民美術出版社，1964 年。
4. （宋）宋敏求：《長安志》卷八，《文津閣四庫全書》第 195 冊。
5. （清）董誥等編：《全唐文》，中華書局影印，1983 年。

三、佛教文獻

1. （後秦）鳩摩羅什譯：《維摩詰所說經》，《大正藏》第 14 冊。
2. （後秦）鳩摩羅什譯：《金剛經》，《大正藏》第 8 冊。
3. （唐）阿地瞿多譯：《陀羅尼集經》，《大正藏》第 18 冊。
4. （唐）菩提流志譯：《不空絹索神變眞言經》，《大正藏》第 20 冊。
5. （唐）菩提流志譯：《如意輪陀羅尼經》，《大正藏》第 20 冊。
6. （唐）伽梵達摩譯：《千手千眼觀世音菩薩廣大圓滿無礙大悲心陀羅尼經》，《大正藏》第 20 冊。
7. （唐）智通譯：《千手經》，《大正藏》第 20 冊。
8. （唐）李無諂譯：《不空絹索陀羅尼經》，《大正藏》第 20 冊。
9. （唐）不空譯：《大乘瑜伽金剛性海曼殊室利千臂千缽大教王經》，《大正藏》第 20 冊。
10. （唐）玄奘譯：《不空絹索神咒心經》，《大正藏》第 20 冊。
11. 失譯人名：《大方便佛報恩經》，《大正藏》第 3 冊。

四、圖冊

1. SIR AUREL STEIN: SERINDIA, VOL. IV, OXFORD UNIVERSITY PRESS, 1974.
2. 敦煌文物研究所編：《中國石窟・敦煌莫高窟》五卷，文物出版社，1982～1987 年。
3. Whitifield, Roderik：《西域美術：大英博物館被スタィソ・コレクション》，東京講談社，1982～1984 年。

4. 龍門文物保管所，北京大學考古系編：《中國石窟・龍門石窟》二，文物出版社，1992 年。
5. 敦煌研究院、江蘇美術出版社編：《敦煌石窟藝術》，江蘇美術出版社，1993～2000 年。
6. Gies, Jacque：《西域美術：ギメ美術館ベリオ・コレクション》，東京講談社，1994～1995 年。
7. 《中國新疆壁畫全集・4・庫木吐喇》，新疆美術攝影出版社，遼寧美術出版社，1995 年。
8. 敦煌研究院主編：《敦煌石窟全集》26 卷，商務印書館（香港）有限公司，1999～2005 年。
9. 劉長久主編：《中國石窟雕塑全集 8・四川・重慶》，重慶出版社，1999 年。
10. 中國敦煌壁畫全集編輯委員會編：《中國美術分類全集・中國敦煌壁畫全集》11 卷，遼寧美術出版社，2006 年。
11. 鄭炳林、高國祥主編：《敦煌莫高窟百年圖錄》，甘肅人民出版社，2008 年。

貳、著作類

1. 王堯、陳踐編著：《敦煌吐蕃文書論文集》，四川民族出版社，1988 年。
2. 范學宗、王純潔編：《全唐文全唐詩吐蕃史料》，西藏人民出版社，1988 年，第 447 頁。
3. 王堯著：《吐蕃文化》，吉林教育出版社，1989 年。
4. 霍巍著：《西藏古代墓葬制度史》，四川人民出版社，1995 年。
5. 呂建福著：《中國密教史》，中國社會科學出版社，1995 年。
6. 宿白著：《中國石窟寺研究》，文物出版社，1996 年。
7. 姜伯勤著：《敦煌藝術宗教與禮樂文明》，中國社會科學出版社，1996 年。
8. 馬德著：《敦煌莫高窟史研究》，甘肅教育出版社，1996 年。
9. 楊銘著：《吐蕃統治敦煌研究》，臺北新文豐出版公司，1997 年。
10. 馬德著：《敦煌工匠史料》，甘肅人民出版社，1997 年。
11. 季羨林主編，《敦煌學大辭典》，上海辭書出版社，1998 年。
12. （日）田中公明著：《敦煌密教と美術》，株式會社法藏館，2000 年。
13. 林世田、申國美主編：《敦煌密宗文獻集成》三卷，中華全國圖書館文獻縮微複製中心，2000 年。
14. （法）海瑟・噶爾美著，熊文彬譯：《早期藏漢藝術》，河北教育出版社，

2001 年。

15. （日）大村西崖著：《密教發達志》，全國圖書館文獻微縮複製中心出版，2001 年。
16. 史葦湘著：《敦煌歷史與莫高窟藝術研究》，甘肅教育出版社，2002 年。
17. 李小榮著：《敦煌密教文獻論稿》，人民文學出版社，2003 年。
18. 蕭默著：《敦煌建築研究》，機械工業出版社，2003 年。
19. 姜伯勤著：《中國祆教藝術史研究》，三聯書店，2004 年。
20. （日）礪波護著，韓昇、劉建英譯：《隋唐佛教文化》，上海古籍出版社，2004 年。
21. 北京大學考古文博學院，青海省文物考古研究所編著：《都蘭吐蕃墓》，科學出版社，2005 年。
22. 鄭炳林、沙武田編著：《敦煌石窟藝術概論》，甘肅文化出版社，2005 年。
23. 金雅聲、束錫紅、才讓主編：《敦煌古藏文文獻論文集》上、下，上海古籍出版社，2007 年。
24. 黄維忠著：《8～9 世紀藏文發願文研究——以敦煌藏文發願文文中心》，民族出版社，2007 年。
25. 才讓著：《吐蕃史稿》，甘肅人民出版社，2007 年。
26. 蘇樹華著：《中國佛學各宗要義》，中華書局，2007 年。
27. 張亞莎著：《11 世紀西藏的佛教藝術——從札塘寺壁畫研究出發》，中國藏學出版社，2008 年。
28. 楊銘著：《吐蕃統治敦煌與吐蕃文書研究》，中國藏學出版社，2008 年。
29. 張廣達、榮新江著：《于闐史叢考》，中國人民大學出版社，2008 年。

參、論文類

1. 金維諾：《敦煌壁畫維摩變的發展》，載《文物》1959 年第 2 期。
2. 金維諾：《敦煌晚期的維摩變》，載《文物》1959 年第 4 期。
3. 黄文煥：《跋敦煌 365 窟藏文題記》，載《文物》1980 年第 7 期。
4. 河南省鄭州市博物館，《河南滎陽大海寺出土的石刻造像》，載《文物》1980 年第 3 期。
5. 史葦湘：《絲綢之路上的敦煌與莫高窟》，敦煌文物研究所編，《敦煌研究文集》，甘肅人民出版社，1982 年。
6. 王堯：《漢藏佛典對勘釋讀之二——金剛經》，《西藏研究》1989 年第 2 期。
7. 方廣錩：《敦煌文獻中的〈金剛經〉及其注疏》，載《世界宗教研究》1995

年第 1 期。

8. 賀世哲：《敦煌莫高窟壁畫中的〈維摩詰經變〉》，《敦煌研究》試刊第 2 期，1982 年，又載敦煌研究院編《敦煌石窟研究文集——敦煌石窟經變篇》，甘肅民族出版社，2000 年。
9. 陳國燦：《唐代吐蕃陷落沙洲城的時間問題》，載《敦煌學輯刊》1985 年第 1 期。
10. （日）森安孝夫著，勞江譯：《吐蕃在中亞的活動》，載《國外藏學研究譯文集》第 1 輯，西藏人民出版社，1986 年。
11. 楊雄：《金剛經、金剛經變及金剛經變文的比較》，載《敦煌研究》1986 年第 4 期。
12. 孫修身：《敦煌佛教藝術和古代于闐》，載《新疆社會科學》1986 年第 1 期。
13. 李永寧：《報恩經和莫高窟壁畫中的報恩經變相》，載《中國石窟・敦煌莫高窟》第四卷，文物出版社，1987 年。
14. 薄小瑩：《六世紀末至九世紀中葉的裝飾圖案》，《敦煌吐魯番文獻研究論集》第五集，北京大學出版社，1990 年。
15. 高永久、王國華：《吐蕃統治下的于闐》，載《西北民族研究》1991 年第 2 期。
16. 陳清香：《敦煌壁畫中的維摩經變》，載《1991 年第二屆敦煌學國際研討會論文》（漢學研究中心），臺北。
17. 江琳：《敦煌中晚唐後壁——龕窟的分期研究》，《美術史論》1992 年第 1 期。
18. （日）原田覺著，李德龍譯：《吐蕃譯經史》，載《國外藏學研究譯文集》第十一輯，西藏人民出版社，1994 年。
19. 樊錦詩、趙青蘭：《吐蕃佔領時期莫高窟洞窟的分期研究》，《敦煌研究》1994 年第 4 期。
20. 趙青蘭：《莫高窟吐蕃時期洞窟龕內屏風畫研究》，《敦煌研究》1994 年第 3 期。
21. 王惠民：《敦煌千手千眼觀音像》，載《敦煌學輯刊》1994 年第 1 期。
22. 汪娟：《敦煌寫本〈金剛五禮〉研究》，《敦煌學》第二十輯，1995 年 12 月。
23. 梅林：《律寺制度視野：9 至 10 世紀莫高窟石窟寺經變畫佈局初探》，載《敦煌研究》1995 年。
24. 許新國：《都蘭吐蕃墓出土含綬鳥織錦研究》，《中國藏學》1996 年第 1 期。

25. 彭金章：《敦煌石窟十一面觀音經變研究》，載《段文傑敦煌研究五十年紀念文集》，世界圖書出版公司，1996年。
26. 彭金章：《千眼照見、千手護持——敦煌密教經變研究之三》，載《敦煌研究》1996年第1期。
27. 金瀅坤：《敦煌陷蕃年代研究綜述》，載《絲綢之路》1997年第1期。
28. 劉志安：《唐朝吐蕃時期佔領沙洲時期的敦煌大族》，載《中國史研究》1997年第3期。
29. 李其瓊：《論吐蕃時期的敦煌壁畫藝術》，載《敦煌研究》1998年第2期。
30. 彭金章：《敦煌石窟不空絹索觀音經變研究》，載《敦煌研究》1999年第1期。
31. 張亞莎：《吐蕃與于闐關係考》，載《西藏研究》1999年第1期。
32. 段文傑：《中西藝術的交匯點——莫高窟第285窟》，《1994年敦煌學國際研討會論文集》，甘肅民族出版社，2000年。
33. （美）巫鴻著，鄭岩譯：《何爲變相？——兼論敦煌藝術與文學的關係》，載《藝術史研究》第2輯，中山大學出版社，2000年。
34. 羅世平：《四川唐代佛教造像與長安樣式》，載《文物》2000年第4期。
35. （美）保羅・尼普斯基著，臺建群譯：《7～9世紀印度中國及吐蕃的佛像》，載敦煌研究院編：《1994年敦煌學國際研討會論文集》，甘肅民族出版社，2000年。
36. 王惠民：《敦煌西方淨土信仰資料與淨土圖像研究史》，載《敦煌研究》2001年第3期。
37. 張元林：《莫高窟北朝窟中的婆藪仙和鹿頭梵志形象再認識》，載《敦煌研究》2002年第2期。
38. 王惠民：《婆藪仙與鹿頭梵志》，載《敦煌研究》2002年第2期。
39. 沙武田：《吐蕃統治時期敦煌石窟供養人像考察》，載《中國藏學》2003年第2期。
40. （法）馬修・凱普斯坦：《（榆林窟）之會盟寺的比定與圖像》，載霍巍、李永憲主編：《西藏考古與藝術》，四川人民出版社，2004年。
41. 王惠民：《敦煌經變畫的研究成果與研究方法》，載《敦煌學輯刊》2004年第2期。
42. 簡佩琦：《敦煌報恩經變與變文〈雙恩記〉殘卷》，載《敦煌學輯刊》2005年第1期。
43. 呂建福：《普賢菩薩與金剛乘》，載魏道儒主編：《普賢與中國文化》，中華書局，2006年。

44. 賀世哲：《敦煌壁畫中的金剛經變研究》，載《敦煌研究》2006 年第 6 期。
45. 賀世哲：《敦煌壁畫中的金剛經變研究》續，載《敦煌研究》2007 年第 4 期。
46. 張延清：《敦煌藏文寫經生結構分析》，載鄭炳林、樊錦詩、楊富學主編：《絲綢之路民族古文字與文化學術討論會文集》，三秦出版社，2007 年。
47. 謝繼勝、黃維忠：《榆林窟第 25 窟壁畫題記釋讀》，載《文物》2007 年第 4 期。
48. （瑞士）阿米・海勒著，楊清凡譯：《拉薩大昭寺藏銀瓶——吐蕃帝國（7 世紀至 9 世紀）銀器及服飾考察》，載四川大學藏學研究所主編，《藏學學刊》第 3 輯，四川大學出版社，2007 年。
49. 張元林：《論莫高窟第 285 窟日天圖像的粟特藝術源流》，載《敦煌學輯刊》2007 年第 3 期。
50. 許絹惠：《從圖像與空間論「禪淨融合之表現——以唐代敦煌金剛經變爲中心》，載《敦煌學》第二十七輯，2008 年 2 月。
51. 楊效俊：《長安光宅寺七寶臺浮雕石佛群像的風格、圖像及復原探討》，《考古與文物》2008 年第 5 期。
52. 謝繼勝：《川青藏交界地區藏傳摩崖石刻造像與題記分析——兼論吐蕃時期大日如來和八大菩薩造像淵源》，載《中國藏學》2009 年第 1 期。
53. 敦煌研究院編：《1987 年敦煌石窟研究國際研討會文集・石窟考古編》，遼寧美術出版社，1990 年。
54. 敦煌研究院編：《2000 年敦煌學國際學術討論會文集・石窟考古卷》，甘肅民族出版社，2003 年。

附錄：插圖目錄

圖 1　第 154 窟窟形圖（摘自樊錦詩、趙青蘭《吐蕃佔領時期莫高窟洞窟的分期研究》）
圖 2　第 231 窟窟形圖（同上）
圖 3　第 361 窟窟形圖（同上）
圖 4　第 158 窟窟形圖（同上）
圖 5　第 359 窟西披（摘自《敦煌石窟全集 22・石窟建築卷》）
圖 6　第 159 窟龕頂棋格團花圖案（摘自《敦煌石窟・中國莫高窟》四）
圖 7　第 361 窟龕頂裝飾圖案（同上）
圖 8　第 237 窟龕頂東披和西披瑞像圖局部（同上）
圖 9　第 159 窟西壁龕外普賢變、文殊變（摘自《中國敦煌壁畫全集 7・中唐》）
圖 10　吐蕃窟南、北壁壁畫構成形式圖
圖 11　231 窟東壁維摩變贊普像（摘自《敦煌石窟藝術・莫高窟第 154 窟》）
圖 12　159 窟東壁南側維摩詰經變吐蕃贊普和侍從像（摘自《敦煌石窟・中國莫高窟》四）
圖 13　藏經洞絹畫 ch.00350 維摩詰經變局部（摘自國際敦煌項目網站 http://idp.nlc.gov.cn）
圖 14　第 158 窟涅槃變舉哀圖（摘自《敦煌莫高窟百年圖錄》）
圖 15　第 220 窟甬道小龕內供養人像（摘自《敦煌石窟全集 2・尊像畫卷》）
圖 16　第 359 窟北壁男供養人像（局部）（摘自《中國藏學》2003 年第 2 期）
圖 17　第 147 窟龕內西壁近事女（摘自《敦煌石窟全集 24・服飾畫卷》）

圖 18　榆林窟第 25 窟彌勒變婚禮圖（摘自《敦煌石窟藝術・榆林窟第 25 窟》）
圖 19　第 231 窟西壁龕外南側普賢變、北側文殊變（摘自《敦煌石窟藝術・莫高窟第 154 窟》）
圖 20　第 176 窟東壁門上千手觀音經變（摘自《敦煌石窟全集 10・密教畫卷》）
圖 21　第 176 窟東壁門上如意輪觀音變（同上）
圖 22　日光、月光菩薩（摘自《敦煌石窟全集 10・密教畫卷》）
圖 23　克孜爾第 23 窟月天（摘自《中國新疆壁畫全集・4・庫木吐喇》）
圖 24　第 285 窟西壁龕上日天和月天（摘自《敦煌石窟・中國莫高窟》一）
圖 25　第 158 窟天請問經變菩薩（摘自《中國敦煌壁畫全集 7・中唐》）
圖 26　第 159 窟北壁天請問經變脅侍菩薩（摘自《敦煌石窟全集 11・楞伽經畫卷》）
圖 27　第 133 窟彌勒經變菩薩草圖（陳粟裕繪）
圖 28　第 369 窟金剛經變脅侍菩（摘自《敦煌石窟全集 11・楞伽經畫卷》）
圖 29　第 231 窟南壁觀無量壽經變局部（摘自《敦煌石窟藝術・莫高窟第 154 窟》）
圖 30　藏經洞絹畫 Ch.xxxvii.004（摘自《西域美術》第一卷，東京講談社）
圖 31　第 231 窟北壁華嚴經變局部（摘自《敦煌石窟藝術・莫高窟第 154 窟》）
圖 32　第 158 窟東壁天請問經變建築（摘自《敦煌石窟全集 21・建築畫卷》）
圖 33　大昭寺木門裝飾柱（由羅世平先生提供）
圖 34　大昭寺主殿內供奉的佛像（摘自《中國文化遺產》2009 年第 6 期）
圖 35　第 145 窟東壁北側功德天和婆藪仙（摘自《敦煌石窟全集 10・密教畫卷》）
圖 36　第 145 窟東壁南側婆藪仙和功德天（摘自《敦煌石窟全集 10・密教畫卷》）
圖 37　第 158 窟如意輪觀音經變毗沙門天王（摘自《敦煌石窟全集 10・密教畫卷》）
圖 38　第 358 窟不空絹索觀音經變天王像（摘自《敦煌石窟全集 10・密教畫卷》）

圖 39　龍門東山萬佛溝千手觀音像龕（摘自《中國石窟雕塑全集 4・龍門》）
圖 40　擂鼓臺北洞十一面觀音像頭部（摘自《中國石窟・龍門石窟》二）
圖 41　莫高窟第 340 窟東壁十一面觀音像（摘自《敦煌石窟全集 10・密教畫卷》）
圖 42　第 144 窟千手千眼觀音經變（摘自《敦煌石窟全集 10・密教畫卷》）
圖 43　河南滎陽大海寺十一面觀音像（摘自《文物》1980 年第 3 期）
圖 44　第 358 窟如意輪觀音（摘自《敦煌石窟全集 10・密教畫卷》）
圖 45　丹棱鄭山如意輪觀音（摘自《中國石窟雕塑全集 8・四川・重慶》）
圖 46　第 361 窟千手觀音變和千缽文殊變（摘自《敦煌石窟全集 10・密教畫卷》）
圖 47　榆林窟第 25 窟菩薩之一（摘自《敦煌石窟藝術・榆林窟第 25 窟》）
圖 48　Ch.0074 阿彌陀八大菩薩圖（摘自國際敦煌項目網站 http://idp.nlc.gov.cn）
圖 49　Ch.xxxvii.004 菩薩（局部）（摘自國際敦煌項目網站 http://idp.nlc.gov.cn）
圖 50　藏經洞絹畫金剛手菩薩（摘自 *SERINDIA*，VOL. IV，《西域考古圖記》第四卷）
圖 51　藏經洞紙畫持金剛杵的菩薩（同上）
圖 52　藏經洞絹畫文殊菩薩（同上）
圖 53　第 369 窟南壁金剛經變局部（摘自《中國敦煌壁畫全集 7・中唐》）
圖 54　藏經洞絹畫手持蓮花的觀音菩薩（摘自 *SERINDIA*，VOL. IV，《西域考古圖記》第四卷）
圖 55　第 359 窟金剛經變舍衛城乞食（摘自《敦煌石窟全集 11・楞伽經畫卷》）
圖 56　克孜爾第 38 窟歌利王本生（摘自《中國新疆壁畫全集 1・克孜爾》）
圖 57　第 359 窟金剛經變歌利王本生（摘自《敦煌石窟全集 11・楞伽經畫卷》）
圖 58　第 361 窟金剛經變布施圖（摘自《敦煌石窟全集 11・楞伽經畫卷》）
圖 59　第 144 窟報恩經變局部（摘自《敦煌石窟全集 9・報恩經畫卷》）
圖 60　第 231 窟報恩經變須闍提太子本生（摘自《敦煌石窟全集 9・報恩經畫卷》）

圖 61　第 144 窟北壁報恩經變孝養品（摘自《敦煌石窟全集 9・報恩經畫卷》）
圖 62　第 231 窟報恩經變論議品示意圖
圖 63　第 144 窟報恩經變論議品（摘自《敦煌石窟全集 9・報恩經畫卷》）
圖 64　晚唐第 85 窟報恩經變善友太子施捨（摘自《敦煌石窟全集 9・報恩經畫卷》）
圖 65　第 231 窟東壁門上供養像（摘自《中國石窟・敦煌莫高窟》四）
圖 66　第 159 窟東壁維摩詰經變（摘自《敦煌石窟全集 7・法華經畫卷》）
圖 67　第 159 窟維摩詰經變毗耶離城城門（摘自《敦煌石窟全集 7・法華經畫卷》）
圖 68　第 360 窟維摩詰經變佛國品（摘自《敦煌石窟全集 7・法華經畫卷》）
圖 69　第 159 窟維摩變菩薩行品（摘自《敦煌石窟全集 7・法華經畫卷》）
圖 70　第 159 窟維摩變法供養品（摘自《敦煌石窟全集 7・法華經畫卷》）